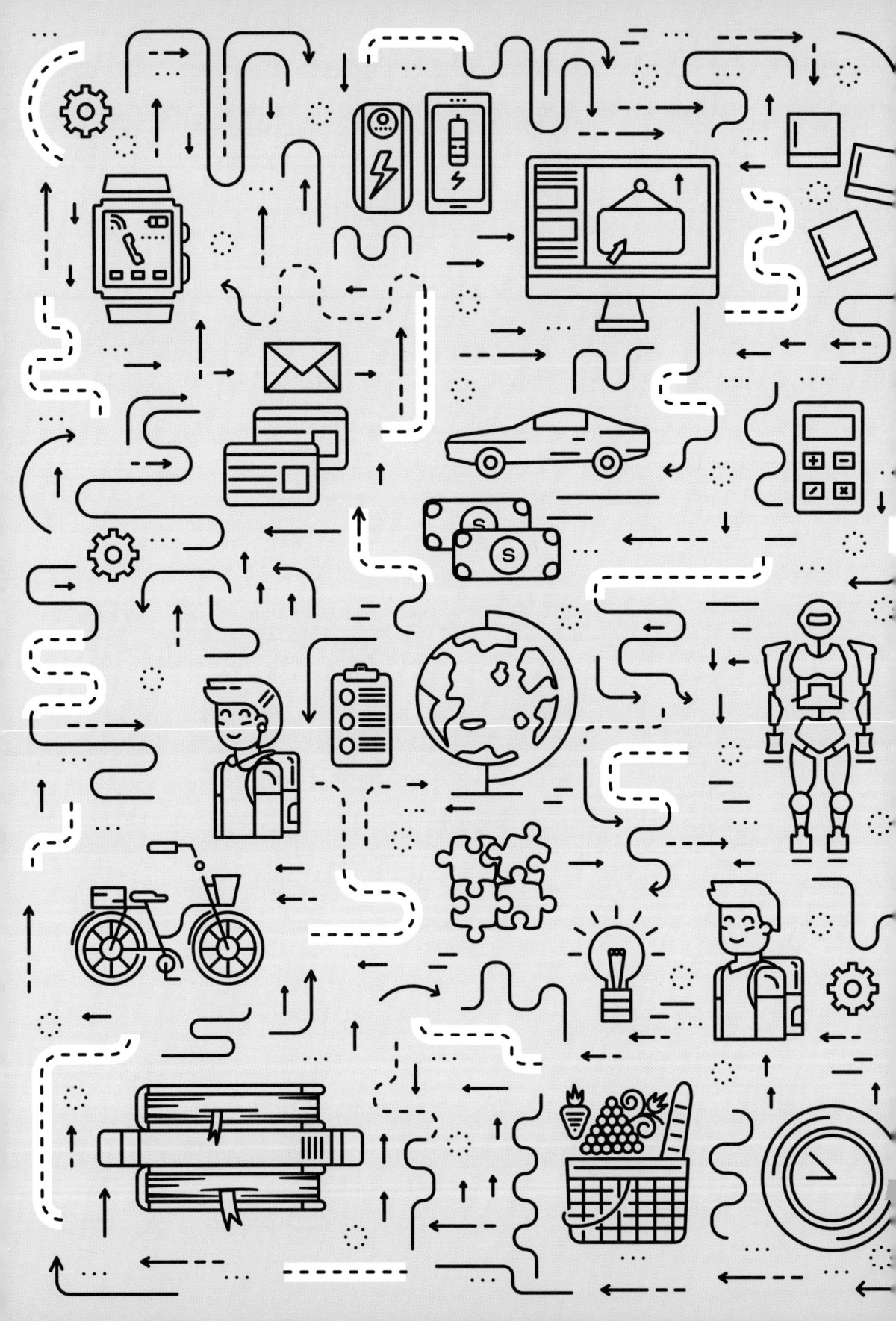

정부의 경제 활동
우리 경제를 위해 노력해요

생각학교 초등 경제 교과서 ❹ 정부의 경제 활동 개정판

초판 1쇄 발행 2011년 1월 10일
개정판 1쇄 발행 2021년 11월 10일
개정판 2쇄 발행 2022년 4월 29일

지은이 김상규
발행인 박효상
편집장 김현
편집 장경희
디자인 임정현
표지·본문 디자인·조판 허은정
마케팅 이태호 이전희
관리 김태옥

종이 월드페이퍼 **인쇄·제본** 예림인쇄·바인딩 | **출판등록** 제10-1835호
펴낸 곳 사람in | **주소** 04034 서울시 마포구 양화로11길 14-10(서교동) 3F
전화 02) 338-3555(代) **팩스** 02) 338-3545 | **E-mail** saramin@netsgo.com
Website www.saramin.com

책값은 뒤표지에 있습니다.
파본은 바꾸어 드립니다.

ⓒ 김상규 2021

ISBN 978-89-6049-918-8 74320
　　　978-89-6049-914-0 (set)

어린이제품안전특별법에 의한 제품표시	
제조자명 사람in **제조국명** 대한민국 **사용연령** 5세 이상 어린이 제품	**전화번호** 02-338-3555 **주　소** 서울시 마포구 양화로 　　　　11길 14-10 3층

생각학교
초등 경제 교과서

김상규 교수(경제학 박사) 글

정부의 경제 활동 우리 경제를 위해 노력해요

사람in

일러두기 — 생각학교 초등 경제 교과서는?

❶ 『생각학교 초등 경제 교과서』는?
기획한 의도가 무엇인지를 보여 준다.

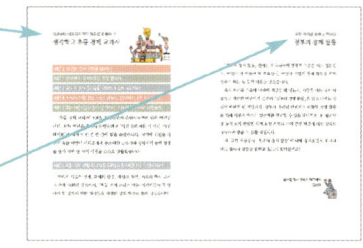

❷ 저자의 글
저자가 어떤 생각을 가지고 이 한 권의 책 속에 경제 이야기를 풀어냈는지 보여 준다.

❸ 주제 소개
이 장에서 어떤 내용을 배울지, 이 주제는 우리 생활에서 어떤 부분과 관련이 있는지 잠깐 생각할 시간을 갖게 한다.

❹ 경제 동화
우리 생활 속에서 있을 법한 경제 관련 이야기들을 동화로 구성했다. 그림 동화로 흥미를 유발하여 학습 동기를 갖게 한다.

❺ 경제 이야기
동화 속에는 어떤 경제이야기가 담겼는지 풀어주면서, 각 장에서 다루려는 주제를 짚어 준다.

❻ 그래프
필요한 경우 그래프를 이용해 교과서나 신문 속에서 경제를 읽어내는 법을 배운다.

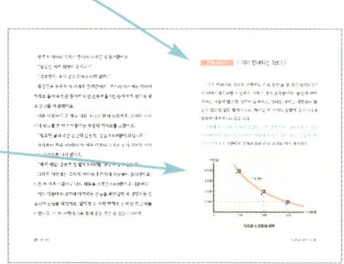

❼ 세상 속으로
신문, 방송, 일상 생활 속에서 접하는 이야기들 중에 각 주제와 연결된 경제 이야기를 풀어낸다. 시사, 역사, 지리, 윤리적인 문제까지 함께 다루도록 했다.

❽ 사진
눈으로 확인 할 수 있는 다양한 사진을 활용했다.

❾ 경제가 보이는 퀴즈
본문에서 다룬 주제를 다시 한 번 정리해 볼 수 있도록 구성했다.

❿ 정답
퀴즈의 정답은 뒤집어 표기했다.

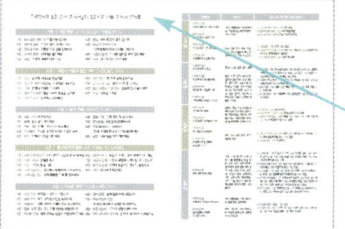

⓫ 쏙쏙! 경제 용어
본문에서 다룬 주제들 중 중요한 경제 용어들을 다시 한번 정리했다.

⓬ 찾아보기
알고 싶은 주제들을 빨리 찾아볼 수 있도록 해당 용어가 나오는 페이지를 표시하였다.

⓭ 관련 교과 연계표
권에서 다룬 주제들이 교과서와 어떻게 연계되는지 해당 학년과 단원을 제시하였다.

차례 생각학교 초등 경제 교과서 4권

1. 나라 경제의 규모를 알 수 있어요
   국내 총생산(GDP) ---------------- 11

2. 나라도 살림을 해요
   재정 ---------------------------- 21

3. 나라에 돈을 내요
   세금 ---------------------------- 31

4. 요람에서 무덤까지 지켜 주어요
   사회 보장 제도 ------------------- 43

5. 경제 활동을 위해 꼭 필요해요
   사회 간접 자본 ------------------- 53

6. 무조건 아끼는 것이 정답은 아니에요
   절약의 역설 ---------------------- 61

7. 시장도 해결하지 못하는 것이 있어요
   시장의 실패 ---------------------- 73

8. 작지만 효율적인 정부가 필요해요
   정부의 실패 ---------------------- 83

9. 일자리가 필요해요
   실업 ---------------------------- 95

쏙쏙! 경제 용어 -------------------- 105

찾아보기 -------------------------- 108

『생각학교 초등 경제 교과서』와 초등학교
사회 교과서 연계표 ---------------- 110

개념부터 배경지식까지 재미있게 풀어 쓴
생각학교 초등 경제 교과서

> 미션 1 생생한 경제 현장을 담아라!

> 미션 2 알짜배기 경제지식을 쏙쏙 뽑아라!

> 미션 3 뉴스 속 경제 용어들을 이해하기 쉽게 정리하라!

> 미션 4 가계와 기업, 정부 그리고 세계의 경제까지 모두 파헤쳐라!

> 미션 5 우리 어린이들이 살아 갈 무대인 미래의 경제까지 예측하라!

『생각학교 초등 경제 교과서』 5권을 기획하면서 출판사로부터 받은 미션입니다. 모든 미션을 충실히 수행하려고 '미션 임파서블'이 아닌 '미션 파서블'을 외치며 한 권 한 권에 힘을 쏟았습니다. 여기에 집필을 하면서 요즘 어린이 여러분에게 중요해진 글쓰기와 생각하기 능력 향상을 돕기 위해 한 가지 미션을 스스로 덧붙였습니다.

> 미션 6 동화·역사·생활 속 사례로 응용력과 창의력을 기를 수 있게 하라!

가계와 기업의 경제, 화폐와 금융, 세금과 무역, 저축과 투자 그리고 국제 사회의 경제까지. 『생각학교 초등 경제 교과서』에는 어린이들이 꼭 알아야 할 경제에 대한 지식들을 생생한 경제 현장과 함께 담았습니다.

우리 경제를 위해 노력해요
정부의 경제 활동

　『정부의 경제 활동』편에는 우리나라의 경제적 수준은 어느 정도인지, 국민이 낸 세금이 왜 중요한지, 국민과 기업의 경제 활동을 위해 정부가 하는 일 등의 내용을 담았습니다.

　혹시 여러분 가운데 나라에 세금을 왜 내는지, 세금을 내는 것이 아깝다고 생각한 어린이가 있다면 『정부의 경제 활동』을 읽고 나서는 생각이 바뀌게 될 것입니다. 정부가 우리의 안전하고 원활한 경제 활동을 위해 어떻게 애쓰고 있는지를 확인할 수 있을 테니까요. 또 평소에 잘 들어 보지 못했던 사회 보장 제도나 사회 간접 자본에 대한 상식도 차곡차곡 쌓을 수 있을 것입니다.

　자, 그럼 지금부터 '정부의 경제 활동'에 대해 살펴보면서 우리나라는 얼마나 살림을 잘하고 있는지 알아볼까요?

달구벌 대구교육대학교에서
김상규

1
나라 경제의 규모를 알 수 있어요

국내 총생산(GDP) 우리나라 사람들은 한 해 동안 얼마나 많은 재화와 서비스를 만들어 낼까요? 우리나라는 이웃 나라 중국이나 일본보다 더 잘살까요, 아닐까요? 올해 우리나라 사람들은 작년보다 생산을 더 많이 했을까요, 더 적게 했을까요? 이 질문 모두에 대해 대답하려면 하나만 알면 돼요. 그게 무엇일까요?

꿀벌 나라 대통령의 궁금증

곤충들만 사는 세계에 꿀벌 나라가 있었습니다. 어느 날 꿀벌 나라 대통령은 궁금한 것이 생겼어요.

'우리 백성들은 돈을 얼마나 벌까? 부지런하니까 많이 벌 거야!'

대통령은 백성들이 얼마만큼 돈을 버는지 셈하기 시작했습니다.

그런데 문제가 생겼어요. 생각보다 꿀벌 나라의 전체 소득이 너무 적었던 거예요. 사실 꿀벌 나라에는 꿀벌들만 사는 게 아니라 이웃 나라에서 온 매미, 여치 등 다른 곤충들도 많았어요. 다른 곤충들이 버는 돈은 빼고 꿀벌들이 버는 돈만 계산하던 꿀벌 나라 대통령은 이웃 매미 나라 대통령에게 전화를 걸었어요.

"매미 나라에서는 그곳에 사는 꿀벌들의 수입을 매미 나라 전체 소득으로 계산하나요?"

"당연하지요. 우리 땅에서 살면서 번 것이니까요."

꿀벌 나라 대통령은 이제부터는 꿀벌 나라에 살고 있는 다른 곤충들의 소득도 함께 더해야겠다고 생각했습니다.

1년 동안 모두가 벌어들인 돈을 다시 계산해 보았더니 꿀벌 나라 곤충들이 생각보다 훨씬 많은 돈을 벌어들이고 있었어요.

"멀리날아 꿀벌은 로열 젤리를 생산해서 400만 원,

잘날아 꿀벌은 맛나 꿀을 생산해서 300만 원, 또 붕붕 꿀벌은 토종 꿀을 생산해서 250만 원을 벌었고. 이웃 나라에서 온 알뜰 개미는 꽃신을 팔아 300만 원, 나비는 나비 무늬 옷을 만들어 300만 원, 매미는 신곡 CD로 200만 원, 여치는 날개옷으로 250만 원……. 꿀벌 나라 곤충들이 이렇게 돈을 많이 벌고 있었구나!"

꿀벌 나라 대통령은 입이 다물어지지 않을 정도로 기뻤어요.

'그래서 우리나라 백성들이 날마다 싱글벙글 웃으며 건강한 모습으로 지낼 수 있었구나. 우리나라가 잘산다고 소문이 나니 이웃 나라 곤충들이 앞다투어 우리나라에 와서 살고 싶어 야단들이고. 역시 내가 정치를 잘한 덕분이야.'

기분이 좋아진 대통령은 한 가지를 더 계산해 보고 싶어졌어요.

'그럼 곤충 한 마리당 얼마나 벌고 있는 걸까? 옳지, 전체 소득을 우리나라에 살고 있는 곤충 수로 나누면 되겠구나!'

대통령은 곤충 한 마리당 소득을 계산해서 꿀벌 나라가 이렇게 잘 살고 있다는 사실을 국민들에게 이야기해 주고 싶었던 것이지요. 소득 조사가 한 해 두 해 계속되자 지난해와 올해 사이에 더 벌었는지 덜 벌었는지 비교도 할 수 있게 되었답니다.

경제 이야기 | 국내 총생산이란?

꿀벌 나라 대통령은 꿀벌 나라 곤충들이 얼마나 벌고 있는지 궁금해서 여러 가지 조사를 했어요. 실제 우리가 사는 세상에서도 한 나라의 경제가 잘 돌아가고 있는지, 그 규모는 어떠한지를 알아보기 위해 조사가 이루어집니다. 바로 '국내 총생산'을 알아보는 것이에요.

국내 총생산, 즉 GDP(Gross Domestic Product)는 보통 1년 동안 한 나라 안에서 생산된 모든 재화(물건)나 용역(서비스)의 최종 생산물을 시장 가격으로 나타낸 총가치를 말해요. 한마디로 1년 동안 나라 안에서 생산된 모든 것들의 가격을 더한 것이지요. 물론 그 나라 안에서 활동하는 외국 기업이나 외국인이 생산한 것도 포함합니다.

여기에서 말하는 '최종 생산물'은 어떤 의미일까요? 쌀을 팔아 생활하는 농부에게는 쌀이 최종 생산물이지만, 쌀로 떡을 만들어 파는 떡집에서는 떡이 최종 생산물이고 쌀은 중간 생산물이에요. 즉 빵집에서 파는 빵은 국내 총생산에 계산이 되지만 중간 생산물인 밀가루는 계산되지 않는 것이지요.

국내 총생산이 많다는 것은 기업이 생산을 많이 해서 일자리가 늘어나고 가정은 돈을 많이 벌게 된다는 말이에요. 가정에 돈이 많으면 그만큼 물건을 많이 살 수 있고, 기업은 물건을 더 많이 만들게 되겠지요. 그래서 국내 총생산이 늘어나면 나라가 더 잘살게 됩니다.

나라가 잘살게 되면 어떤 점이 좋을까요? 먼저 국민들의 소득이 많아지니 생활 수준이 높아져요. 좋은 집에 살면서 맛있는 음식을 먹으며 예쁘고 값비싼 옷도 입을 수 있어요. 또 의료 혜택도 많이 받고, 멋진 승용차를 타며 풍요로운 여가를 즐길 수 있고, 외국 여행도 자주 다닐 수 있게 됩니다.

국내 총생산이 증가하면 '1인당 국민 소득'도 증가해요. 1인당 국민 소득은 국민 소득(그 나라 전체 국민들의 소득을 다 합친 것)을 그 나라의 인구수로 나눈 것으로, 국민 한 명당 소득을 알 수 있지요. 1인당 국민 소득이 증가했다는 것은 경제가 그만큼 성장했다는 말과 같습니다.

국내 총생산과 함께 알아 두면 좋은 것이 있어요. 바로 '국민 총생산'이에요. 국민 총생산, 즉 GNP(Gross National Product)는 국민 경제가 보통 1년 동안 생산한 최종 생산물을 시장 가격으로 나타낸 총가치를 말해요.

국내 총생산과 헷갈린다고요? 잘 생각해 보면 그렇지 않아요. 국내 총생산은 한 나라 안에서 살고 있는 사람들, 즉 영토를 기준으로 봅니다. 그래서 우리나라에서 외국인들이 생산한 물건과 서비스도 국내 총생산에 포함되는 것이지요. 이에 비해 국민 총생산은 한 나라의 국적을 가지고 있는 사람, 즉 국민을 중심으로 계산합니다. 우리나라 국민들 가운데 외국에 나가 살고 있는 사람들이 번 돈도 국민 총생산을

계산할 때에는 더하는 거예요.

예전에는 어느 나라가 잘사는지 비교할 때 국민 총생산을 사용하기도 했어요. 그러나 요즈음에는 주로 국내 총생산을 사용해 비교하고 있어요. 오늘날은 전 세계가 말 그대로 지구촌이 되면서, 나라 사이의 무역이 크게 확대되었고, 한 나라에서 외국인이 기여하는 생산도 점점 더 커지고 있어요. 우리나라에서도 외국에서 온 수많은 사람들이 일을 하고 있지요. 또 국적에 관계없이 세계 각국에서 일하는 사람들이 많아지면서 전 세계에 흩어져 있는 자기 나라 국민들의 생산량을 일일이 파악하는 데에는 어려움이 따르기 때문이랍니다.

나라 경제의 규모를 알 수 있어요

세상 속으로   어느 나라 국민들이 제일 잘살까요?

먼저 어느 나라가 부자일지 생각해 볼까요? 국제 통화 기금(IMF)에서 발표한 잘사는 나라의 순위는('2019년 전 세계 국내총생산 순위', IMF, 2019. 10.30. 자료), 1위 미국(20조 5802억 달러), 2위 중국(13조 3680억 달러), 3위 일본(4조 9717억 달러), 4위 독일(3조 9513억 달러), 5위 영국(2조 8288억 달러), 6위 프랑스(2조 7801억 달러), 7위 인도(2조 7187억 달러), 8위 이탈리아(2조 758억 달러), 9위 브라질(1조 8678억 달러), 10위 한국(1조 7천억 달러)으로 밝혀졌습니다. 우리나라는 세계에서 10번째로 잘 사는 나라예요. 6·25 전쟁 이후 거의 모든 산업기반이 파괴되어 경제적 궁핍과 식량 부족으로 원조를 받던 가장 빈곤한 국가에서 소득선진국가로 발전한 것입니다.

하지만 그 나라의 국내총생산이 높다고 해서 그 나라 국민들이 잘 살고 있다고 말할 수 없어요. 2019년 국제 통화 기금(IMF)에서는 전 세계에서 어느 나라 국민들의 경제수준이 가장 높은지 알아보기 위해 각 나라의 '1인당 국민총생산'을 조사했어요. 국내총생산을 인구 수로 나눈 '1인당 국내총생산'은 국민 한 명 한 명이 경제적 풍요를 어느 정도 누리는지, 즉 얼마나 잘사는가를 판단하는 기준이 되지요. 이번 조사에서는 룩셈부르크 국민들이 세계에서 제일 잘산다는 결과를 얻었어요. 우리나라는 27위랍니다.

1인당 국내총생산으로 따져 본 잘사는 나라 순위(2019년)

순위	국가	1인당 GDP(달러:$)	순위	국가	1인당 GDP(달러:$)
1	룩셈부르크	113,196	21	영국	41,030
2	스위스	83,716	22	일본	40,846
3	노르웨이	77,975	23	뉴질랜드	40,634
4	아일랜드	77,771	24	아랍 에미리트	37,749
5	카타르	69,687	25	바하마	33,261
6	아이슬란드	67,037	26	이탈리아	32,946
7	미국	65,111	27	대한민국	31,430
8	싱가포르	63,987	28	몰타	30,650
9	덴마크	59,795	29	스페인	29,961
10	호주	53,825	30	쿠웨이트	29,266
11	네덜란드	52,367	31	브루나이	27,871
12	스웨덴	51,241	32	키프로스	27,719
13	오스트리아	50,022	33	슬로베니아	26,170
14	핀란드	48,868	34	바레인	25,273
15	산마리노	47,279	35	대만	24,827
16	독일	46,563	36	에스토니아	23,523
17	캐나다	46,212	37	체코	23,213
18	벨기에	45,175	38	포르투갈	23,030
19	이스라엘	42,823	39	사우디 아라비아	22,865
20	프랑스	41,760	40	그리스	19,974

자료 출처: 국제 통화 기금(IMF), 2019.10.30.

경제가 보이는 퀴즈

1. 한 나라의 모든 경제 주체가 일정 기간 동안 생산한 재화와 용역의 부가 가치를 금액으로 환산하여 합계한 것을 무엇이라고 할까요? (   )

    ① 국내 총생산 ② 국민 총생산
    ③ 국민 순생산 ④ 국민 소득

2. 나라들 사이의 부를 비교할 때 '국민 총생산(GNP)'을 사용하지 않고 '국내 총생산(GDP)'을 사용하는 이유에 대해 잘못 설명한 것은 무엇일까요? (   )

    ① 전 세계가 지구촌 경제로 전개되면서 나라들 간 무역이 확대되었다.
    ② 한 나라에서 외국인이 생산해 내는 소득 규모가 점점 커지고 있기 때문이다.
    ③ 전 세계에 흩어져 있는 자기 나라 국민들의 소득 규모를 일일이 파악하는 일이 어렵다.
    ④ 오늘날 각 나라에서는 외국인들끼리의 마찰이 증가했기 때문이다.

3. 국내 총생산이 증가한 것에 대해 잘못 설명하고 있는 것은 무엇일까요? (   )

    ① 그 나라 국민들의 소득 수준이 높아졌다는 뜻이다.
    ② 1인당 국민 소득이 증가했다는 뜻이다.
    ③ 국민들의 평균 수명이 연장되었다는 뜻이다.
    ④ 그 나라 국민들이 높은 생활 수준을 누리게 된다는 뜻이다.

정답 1.① 2.④ 3.③

2 나라도 살림을 해요

재정 가정에서는 들어오는 돈과 나가는 돈, 즉 소득과 지출을 관리해요. 부모님 중 한 분이 살림살이를 맡아 버는 돈에 맞추어 쓸 돈의 용도와 양을 정하실 거예요. 나라의 살림도 마찬가지예요. 들어오는 돈과 나가는 돈을 잘 조절해서 효율적으로 관리해야 하지요. 지금부터 나라는 어떻게 살림을 하고 있는지 살펴볼까요?

가을을 즐기는 들쥐, 겨울을 만끽하는 다람쥐

풍요롭고 평화로운 들판에 들쥐 형제가 살았어요. 들판에는 농부들이 애써 가꾸어 놓은 곡식들이 탐스럽게 익어 가고 땅속에는 고구마가 토실토실, 나무에는 열매들이 주렁주렁 열려 있었어요.

들쥐 형제들은 흐뭇한 미소를 지었어요.

"아, 맛있는 곡식과 과일, 고구마! 이 모두가 우리들 것이라니 정말 꿈만 같다. 모두 우리 것인데 애써 모을 필요는 없겠지?"

들쥐들은 마음 놓고 숲 속 다람쥐네 마을로 소풍을 떠났습니다.

들쥐 형제가 다람쥐네 마을에 도착해 보니 다람쥐들은 쉬지 않고 도토리를 줍고 있었습니다. 들쥐 형제들은 다람쥐들을 비웃었어요.

"미련퉁이 다람쥐들아, 좀 즐기면서 살도록 해! 너희들은 그렇게 평생 일만 하며 살 거니?"

"겨울이 되면 먹을 게 아무 것도 없잖니. 들쥐야, 너희들도 같이 도토리를 줍지 않을래? 도토리를 창고에 잘 저장해 두었다가 겨울에 조금씩 꺼내 먹으면서 따뜻하게 겨울을 보내게 말이야."

다람쥐의 말을 들은 들쥐는 한심하다는 듯이 말했어요.

"싫어. 정말 미련하구나. 겨울 일은 겨울에 생각하면 되는 거야. 온 들판의 곡식들이 모두 우리들 것인데 일할 필요가 뭐 있어?"

집으로 돌아온 후에도 들쥐들은 곳간의 양식이 조금밖에 남지 않아 바닥이 훤히 보이는데도 매일 즐기기만 했습니다.

어느새 가을이 지나고 추운 겨울이 왔어요. 하얀 눈이 내려 소복소복 쌓였습니다. 모두 하얗게 변한 들판과 산에는 그 어느 곳에도

먹을 것이 보이지 않았어요. 이번 겨울은 유난히 눈보라가 매섭고 길었습니다.

도토리를 넉넉히 모아 둔 다람쥐들은 추운 겨울이 길어져도 전혀 걱정이 없었습니다. 따뜻한 화롯가에 앉아 맛있는 도토리를 나누어 먹었지요.

"똑똑똑."

누군가 밖에서 문을 두드렸습니다. 문을 열고 나가 보니 들쥐 형제들이 추위에 벌벌 떨면서 서 있었어요. 야윌 대로 야윈 들쥐 형제들이 양식을 구걸하러 온 것이었어요. 마음씨 착한 다람쥐들은 들쥐 형제들을 따뜻한 화롯가에 앉히고 먹을 것을 내주었답니다.

"미안해, 그때 너희들이 얘기한 대로 열심히 일해서 양식을 모아 두는 건데, 우리가 잘못했어! 이제부터는 우리도 풍성한 가을에 열심히 양식을 모아 둘 거야!"

들쥐 형제는 진심으로 다람쥐들에게 사과했습니다.

| 경제 이야기 | 재정이란?

우리 속담에 "재산을 잘 관리하면 빈천(가난하고 천함)에 대한 걱정이 없다"는 말이 있어요. 나라의 돈이든 가정의 돈이든 잘 관리해야만 돈 걱정 없이 살 수 있다는 뜻이에요. 겨울을 위해 부지런히 양식을 준비해 둔 다람쥐들처럼 말이에요.

나라의 살림살이를 '재정'이라고 합니다. 정부의 수입인 세입과 지출인 세출과 관련된 모든 경제 활동을 말하지요. 가계의 경제 활동은 가장 만족스러운 소비를 하는 것이 목표이고, 기업의 경제 활동은 이윤을 크게 하는 것이 목표라고 할 수 있어요. 나라의 경제 활동, 즉 재정은 정부가 제공하는 서비스나 편리함을 높이는 것이 목표입니다.

가계나 기업은 보통 들어올 돈을 예상해서 나가는 돈을 조절합니다. 하지만 정부의 재정은 다릅니다. 다음 해에 얼마나 돈을 쓰게 될지를 예상해서 수입이 되는 세금을 어느 정도 거두어들이는 게 좋을지 결정하지요.

따라서 정부는 재정을 짜임새 있고 효율적으로 운영해야 합니다. 재정은 어느 나라에서나 경제에서 큰 비중을 차지하며, 민간 경제에 미치는 영향이 매우 커요. 그래서 국가는 수입과 지출의 변화를 통해 나라가 안정적으로 성장하고 복지가 높아질 수 있도록 재정 활동을 해야 하지요. 이것을 '재정 정책'이라고 해요.

재정 정책은 크게 조세 정책과 세출 정책으로 나누어집니다. 여기서 '조세'는 세금과 같은 말이에요. '조세 정책'과 관련해서는, 세금이 늘어나면 가정에서는 소비와 지출이 줄어들어 국민 경제가 위축되게 됩니다. 반대로 세금이 줄어든다면 가정의 소비가 늘어나고 경제가 활기를 띠게 되겠지요. 나라가 세금을 쓰는 '세출 정책'과 관련해서는, 나라가 돈을 많이 풀면 소비가 늘어나고 국민 경제가 활기를 띠지만, 반대로 돈을 쓰는 것을 줄이면 소비가 줄고 경제는 움츠러들게 되지요.

이렇게 볼 때 가정이나 기업이나 국가 모두 '재산을 얼마나 가지고 있느냐'보다는 '어떻게 관리하느냐'가 더 중요합니다. 어려운 경제 현실에서 정부는 무조건 국민들에게 세금을 많이 거두어 예산을 늘리기보다는 짜임새 있게 재정을 운영하여 국민들의 부담을 덜어 주어야 할 것입니다.

세상 속으로 재정을 구하는 데 실패한 당백전

　흥선 대원군은 조선 말의 임금인 고종의 친아버지예요. 고종은 12세 때 왕위에 올랐는데, 너무 어렸기 때문에 흥선 대원군이 대신 정치를 맡았습니다. 당시 조선은 외척 안동 김씨가 세력을 쥐고 나라를 마음대로 움직이고 있었어요. 안동 김씨 가문이 중요한 관직을 모두 독차지하고, 세금을 자신들의 필요에 따라 사용해서 나라의 재정 상황은 매우 나빠졌어요.

　흥선 대원군은 국고가 거의 바닥이 난 것을 보고 재정을 확보할 방법을 고종에게 말했습니다. "천지를 지척으로 삼고, 태산을 깎아 평지로 만들며, 남대문을 3층으로 높이는 일을 하겠다."고 했어요. 이 말은 '천지'처럼 멀어 보이는 왕권을 지척에 가까이 하도록 만들고, '태산'처럼 높은 세력가의 권세를 낮게 만들며, 소외되어 있는 인재를 고루 등용해야 한다는 뜻이었어요. 왕권을 강화하고, 고른 인재를 등용해 나라 경제를 살리겠다는 결심이었지요.

　또 흥선 대원군은 왕권 강화를 위해서 임진왜란으로 불에 탔던 경복궁을 다시 짓기로 합니다. 이전의 다른 왕들도 경복궁을 새로 짓고 싶었지만 재정이 없어 대부분 포기한 일이었어요. 하지만 조선의 중심을 다시 세우고 왕권의 위용을 나타내기 위해서 흥선 대원군은 경복궁 중건을 강행합니다.

실제로 경복궁을 다시 짓는 데에는 처음 예상했던 것보다 훨씬 더 많은 돈이 필요했어요. 결국 흥선 대원군은 '당백전'이란 새 돈을 발행하여 필요한 돈을 마련하고자 했습니다. 당시 조선에서는 '상평통보'를 화폐로 쓰고 있었어요. 상평통보는 인조 11년인 1633년에 처음 등장했지만 숙종 때부터 본격적으로 사용되기 시작해 조선 말기에 현대식 화폐가 나올 때까지 약 200년 동안이나 유통되었어요. 오랜 기간 동안 약 300여 종류나 발행된 기록을 갖고 있지요.

보통 돈은 만드는 비용과 그 돈의 실제 가치가 대체로 비슷합니다. 하지만 당백전은 달랐어요. 달라도 너무 크게 달랐지요. 당백전을 만드는 데에는 당시에 쓰고 있던 상평통보를 만들 때보다 5배 정도 더 돈이 들었지만, 실제 당백전의 가치는 당시의 상평통보보다 100배가 컸습니다. 당시의 상평통보 100냥을 주어야 당백전 1냥과 바꿀 수 있었지요. 그래서 당백전을 위조하는 사람들이 생기기도 했어요. 백성들은 만드는 데 들어가는 돈보다 실제 가치가 터무니없이 높은 당백전을 잘 사용하지 않으려고 했어요.

하지만 약 5개월 동안 당백전은 지금 돈으로 약 1,000억 원이 넘게 만들어져 시장에 풀렸어요. 시장에 돈이 너무 많아져 버린 것이지요. 그러자 물가가 치솟기 시작했습니다. 쌀 한 섬의 가격이 1년 사이에 6배가 뛰어올랐다니 엄청난 인플레이션이 진행되었던 것이지요.

백성들의 생활은 날로 더 어려워져 원성은 더욱 높아만 갔습니다. 결국 당백전은 세상에 나온 지 1년도 채 못 되어 발행이 중단되고 말았답니다. 물론 재정을 확보하고자 했던 흥선 대원군의 노력도 헛되이 무너져 버리고 말았지요.

상평통보의 변천

명칭	최초 발행 연도
무배자전	인조 11년(1633)
단자전	숙종 4년(1678)
대형전	숙종 5년(1679)
중형전	영조 28년(1752)
소형전	순조 7년(1807)
당백전	고종 3년(1866)
당오전	고종 20년(1883)
중형전	영조 28년(1752)

경제가 보이는 퀴즈

1. 정부의 수입인 세입과 지출인 세출에 관련된 모든 경제 활동, 즉 나라의 살림살이를 무엇이라고 할까요? (   )

    ① 예산
    ② 조세
    ③ 재정
    ④ 정부 지출

2. "재산을 잘 관리하면 빈천에 대한 걱정이 없다"는 말과 가장 어울리는 경제 용어는 다음 중 어느 것일까요? (   )

    ① 세입
    ② 세출
    ③ 사회 보장
    ④ 재정

3. 재정에 대한 설명 중 바르지 못한 것은 다음 중 어느 것일까요? (   )

    ① 재정이 국민 경제에 미치는 영향은 매우 크다.
    ② 재정은 정부가 제공하는 서비스 또는 편익의 극대화가 그 목적이다.
    ③ 정부는 재정 운영을 위해 국민들로부터 세금을 강제로 거두어들인다.
    ④ 가계, 기업, 정부는 공통적으로 이윤 극대화를 목적으로 행동한다.

정답: 1.③ 2.④ 3.④

3
나라에 돈을 내요

세금 어린이들도 세금을 내고 있다는 사실을 알고 있나요? 우리는 슈퍼마켓이나 문구점에서 물건을 살 때 우리도 모르게 세금을 내고 있답니다. 물건을 사고 영수증을 받으면 자세히 보세요. 영수증에서 '부가세'라는 항목을 발견할 수 있을 거예요. 세금을 너무 많이 걷으면 국민들이 살기 어려워지지만, 또 반대로 국민들이 내야 할 세금을 내지 않으면 나라 살림이 어려워져요. 세금에 대해 좀 더 알아볼까요?

호랑이보다 더 무서운 세금

바람이 쌩쌩 부는 추운 겨울 밤, 은영이는 할머니를 조릅니다.

"무서운 이야기 해 주세요. 어제 호랑이 이야기는 하나도 안 무서웠어요."

"음…… 어디 보자. 그럼 오늘은 정말 무서운 얘기를 들려줄까?"

은영이는 할머니 곁으로 바짝 다가앉았습니다.

"옛날 어느 나라에 아주 못된 임금님이 살았단다. 마음씨도 나쁜 데다 낭비가 심해서 맛있는 음식과 으리으리한 궁전을 위해 백성들에게 갖가지 이름을 붙여 돈과 물건을 거두어들였단다. 세금을 엄청나게 거두어들인 것이지."

"세금을 내지 못하는 사람들은 어떻게 했는데요?"

"감옥에 가두기도 하고, 곤장을 치기도 했지. 그러니 백성들은 돈이 될 만한 것은 모두 팔아 세금으로 냈단다. 그뿐이 아니었어. 자, 오늘은 요만큼만 하고 그만 잘까?"

할머니가 슬그머니 이야기를 끝내려 하자 은영이는 할머니 팔을

잡아당기며 재촉했습니다.

"그럼 조금만 더 할까? 임금님은 신하들을 데리고 백성들의 생활을 살핀다며 경치가 좋은 곳을 찾아다녔지. 그러다가 갑자기 곁에 있는 신하에게, '여봐라! 이 아름다운 곳을 그냥 둘 수 없구나. 이곳에 멋진 정자를 하나 짓도록 하라.'라고 명령했어. 신하가 돈이 바닥나서 정자를 못 짓는다고 하자 임금님은 '별 걱정을 다하는구나. '정자세'를 거두어 해결하도록 하라.'라고 했지. 또 길을 가다가 큰 강이 있어 지날 수 없게 되면, '이곳에 큰 다리를 놓도록 하라! 돈이 없으면 '다리세'를 거두어 해결하도록 하라!'라고 명령했단다."

할머니는 호기심에 반짝반짝하는 은영이의 눈을 보고 이야기를 계속했어요.

"임금님은 또 '샘물이 퐁퐁 솟는구나. 신기한지고! 이곳에 우물을 만들도록 하라.'고 명령했고 신하는 또 돈타령을 했지. 그러자 임금님은 '우물세를 거두어들이면 되지.'라고 했어. 임금님은 지나는 곳곳마다 온갖 사업을 벌였고, 필요한 돈은 즉흥적으로 세금의 이름을 붙여 거두어들이도록 했지. 그러니 백성들은 돈이 될 만한 것은 모두 세금으로 빼앗겨 생활이 더욱 어려워졌단다. 어린이들도 세금을 내기 위해 일을 하지 않으면 안 됐어. 견디다 못한 백성들은 나라를 떠나기도 하고, 깊은 산골에 들어가 숨어 살기까지 했단다."

"그럼 임금님이 할머니가 자기 이야기하는 것을 알면 '이야기세'를 내라고 하는 거 아니에요?"

할머니가 웃으며 대답했어요.

"늦게까지 불을 켜 놓으면 '등불세'를 내라고 할지도 모른다!"

"등불세요? 이제 이야기 그만하고 자요. 어째 세금이 호랑이보다 더 무섭네요, 헤헤헤."

| 경제 이야기 | 세금이란?

우리 속담에 "구멍 봐 가며 쐐기 깎는다"는 말이 있어요. 쐐기란 V자 모양으로 나무나 쇠붙이를 깎아 만든 물건이에요. 주로 집을 지을 때 물건 틈새에 박아 끼워 맞춘 부분이 물러나지 못하게 하는 것입니다. 구멍은 작은데 쐐기가 크면 들어가지 못하고, 거꾸로 쐐기는 작은데 구멍이 너무 크면 쑥 빠져 버려 어느 쪽도 쐐기가 제 구실을 하지 못하게 되어요.

국민 경제에서도 마찬가지예요. 국가는 국민의 경제력에 알맞게 세금을 매겨야 해요. 세금, 즉 조세란 국가가 나라 살림을 위해 국민들에게 강제로 거두는 돈을 말합니다.

세금은 보통 직접세와 간접세로 나누어져요. 직접세는 소득이나 재산 등에 부과되는 세금입니다. 세금을 내야 할 사람과 세금을 내는 사람이 같은 경우이지요. 직접세는 소득에 따라 세금을 부과하기 때문에 많이 버는 사람은 세금을 많이 내고, 적게 버는 사람은 세금을 적게 내게 됩니다.

간접세는 우리가 물건을 살 때 내는 세금이에요. 세금을 내야 할 사람과 내는 사람이 다른 경우지요. 즉 물건을 생산하는 사람들이 세금을 미리 내고 실제 물건 값에 이 세금을 붙여서 가격을 정해요. 그러면 일반 소비자가 그 물건을 살 때는 가격에 세금이 포함되어 결국은 소비자가 세금을 내는 셈이 되지요. 우리는 물건이나 서비스를 이용할 때마다 간접세를 내고 있답니다. 간접세는 물건을 사면 자동으로 세금을 내게 되므로, 세금을 걷기가 편리해요. 물건을 사며 세금을 안 내려고 버티는 사람도 거의 없지요. 그러나 소득의 많고 적음을 구분하지 않고 똑같은 금액의 세금을 내야 하므로 공평하지 않다고 볼 수 있어요.

우리나라의 조세 부담률은 2016년 26.2%, 2017년 26.9%, 2018년 28.4% 정도예요. 10년 전인 2008년(25%)에 비해 3.4%(2018년 28.4%)나 더 높아졌어요. 조세 부담률이란 국민 소득에서 세금으로 내는 돈의 비율을 말합니다. 여기에다 국민 연금, 건강 보험 등 다른 부담금을 더하면 30%에 가까우니 국민들은 세금이 너무 많다고 불평하고 있어요. 그렇지만 자료를 살펴보면 우리나라의 조세 부담률은 그리 높은 편이 아니에요. 미국, 영국, 독일, 프랑스 등 경제 협력 개발 기구(OECD)에 속한 다른 나라들과 비교해 본다면 말이지요.

그렇다면 세금을 제일 많이 내는 나라는 어디일까요? 프랑스가 제일 많이 내는 나라로 46.1%예요. 100만원의 소득이 있는 사람이라면 46만 1천 원을 세금으로 낸다는 말이지요. 그 다음이 덴마크로 44.9%이고, 한국은 28.4%로 27위랍니다.

세금 부담이 많은 나라들은 다 불만이 많을까요? 그렇지는 않아요. 조세 부담률이 크더라도 국방과 치안, 교육과 복지 그리고 소방과 행정 등 정부가 제공하는 서비스가 나아지고, 국민들이 스스로 삶의 질이 향상됐다고 느낀다면 세금이 많다고 해서 크게 불평을 하지는 않을 거예요. 즉 세금이 많고 적고가 문제가 아니라, 세금을 걷는 형식과 세금을 낸 만큼 우리 삶의 질이 나아졌다고 느끼도록 만들어 주는 것이 중요하지요. 나라의 조세 정책에 따라 국민들은 세금을 낼 수밖에 없지만 국가는 '구멍 봐 가며 쐐기를 깎는' 지혜가 필요합니다.

세계 조세 부담률 순위

단위: GDP 대비 비율

순위	국가	조세부담률(%)	순위	국가	조세부담률(%)
1	프랑스	46.1	17	체코	35.3
2	덴마크	44.9	18	폴란드	35.0
3	벨기에	44.8	19	스페인	34.4
4	스웨덴	43.9	20	에스토니아	33.2
5	핀란드	42.7	21	슬로바키아	33.1
6	오스트리아	42.2	22	캐나다	33.0
7	이탈리아	42.1	23	뉴질랜드	32.7
8	룩셈부르크	40.1	24	이스라엘	31.1
9	노르웨이	39.0	25	라트비아	30.7
10	네덜란드	38.8	26	리투아니아	30.3
11	그리스	38.7	27	한국	28.4
12	독일	38.2	28	스위스	27.9
13	아이슬란드	36.7	29	터키	24.4
14	헝가리	36.6	30	미국	24.3
15	슬로베니아	36.4	31	아일랜드	22.3
16	포르투갈	35.4	32	칠레	21.1

자료 출처: '세계 조세부담률 순위', 경제 협력개발기구(OECD), 2020.10.16.

세상 속으로   선덕 여왕의 세금 정책

　지금으로부터 1,500여 년 전의 신라는 진지왕이 다스리고 있었습니다. 진지왕은 아름다운 여인들에게 푹 빠져 백성들로부터 거두어들인 돈을 흥청망청 써 버렸습니다. 백성들의 생활은 나날이 어려워졌고, 불만은 갈수록 높아졌지요. 결국 백성들과 귀족들의 원성으로 진지왕은 왕의 자리에서 쫓겨나고 말았어요. 이어 진평왕이 왕위에 올랐고, 진평왕이 죽은 다음에는 신라 최초의 여왕인 선덕 여왕이 그 뒤를 잇게 됩니다. 선덕 여왕 때에도 나라는 안정되지 않았고 여전히 백성들은 불만이 많았어요.

선덕 여왕은 그 이유가 모두 무거운 세금 때문이라고 판단하고, 세금 제도를 바로잡았어요. 여왕은 국가 재정은 흔들리지 않으면서도 가난한 백성들의 조세 부담을 줄여 줄 수 있는 방법을 고민했고, 결국 재산에 따라 세금을 다르게 매기기로 했습니다.

쌀 7천 석 이상을 가진 귀족들에게는 매년 지금보다 넉 섬의 곡식을 더 거두고, 5천 석 이상의 귀족들에게는 두 섬을 더 거두고, 쌀 5백 석 미만을 수확하는 백성들에게는 지금 거두어들이는 세금의 절반만 거두는 단호한 조치를 취했지요.

새로운 조세 정책으로 세금을 더 많이 내게 된 일부 귀족들은 불만을 가질 수밖에 없었어요. 하지만 모두가 백성을 위한 정책이었기 때문에 아무도 불만을 겉으로 표현하지는 못했답니다.

이듬해, 비도 많이 오고 햇볕도 잘 내리쬐어 신라는 큰 풍년이 들었어요. 백성들은 모두 선덕 여왕을 어머니처럼 여기며 따랐고, 선덕 여왕이 나라를 다스리는 동안에는 태평성대가 계속되었답니다.

경제가 보이는 퀴즈

1. 국가가 나라 살림을 위해 국민들에게 강제로 거두는 돈을 다음 중 무엇이라고 할까요? ( )

    ① 조세(세금)　　　　　② 예산
    ③ 정부 지출　　　　　④ 재정

2. 세금을 부담하는 사람과 세금을 납부하는, 즉 납세 의무를 가진 사람이 내는 동일한 세금을 무엇이라고 할까요? ( )

    ① 소비세
    ② 간접세
    ③ 부가세
    ④ 직접세

3. 간접세에 대한 설명 중 바르지 못한 것은 다음 중 어느 것일까요? ( )

    ① 직접세에 비해 세금을 걷는 게 편리하다.
    ② 간접세는 세금을 내야 하는 사람과 세금을 부담하는 사람이 다르다.
    ③ 물건 등을 사면서 세금을 부담하게 되므로 조세 저항이 크다.
    ④ 소득이 많고 적음을 구분하지 않고 똑같은 금액의 세금을 내야 하므로 공평하지 않다고 볼 수 있다.

정답 1.① 2.④ 3.③

4
요람에서 무덤까지 지켜 주어요

사회 보장 제도 나이가 들어 늙어도, 갑작스레 직장을 잃게 되어도, 병이 들어도, 여러 재해로 어려운 지경에 빠져도 국가가 나서서 이들 문제를 해결해 주는 나라, 대학교를 다니는 데에도 돈이 들지 않는 나라가 있다면 어떤가요? 가서 살고 싶나요? 북유럽 스칸디나비아 반도에 가면 이런 나라들이 진짜 있어요. 사회 복지의 천국이라 불리는 나라들이지요.

되돌려 준 선물

"제가 직접 재배한 신토불이 토종 감자예요. 한번 드셔 보세요."

"원님 덕에 풍년입니다. 이 쌀도 드셔 보세요."

모두들 원님에게 바칠 선물을 한아름씩 싸 들고 와서는 자랑을 늘어 놓았어요.

"고맙네. 잘 먹겠네. 여보게, 이방! 이것들을 광에다 넣어 두게."

원님은 고을 사람들이 가지고 온 선물들을 모두 광에다 넣어 두었어요. 원님이 부임해 온 이후 고을은 매년 풍년이 들었어요. 고을 사람들은 이게 다 원님 덕이라며 원님을 칭찬했어요.

그러던 어느 해 심한 흉년이 들었어요. 모두들 비 한 방울 오지 않는 하늘을 올려다보며 울상을 지었지요.

"하늘도 참 무심하시지. 비가 좀 내려야 할 텐데……."

"논바닥이 바싹 말라 거북이 등처럼 쩍쩍 갈라졌어!"

원님도 이방을 불러 의논을 했습니다.

"이방, 어찌하면 좋겠는가? 모두들 살기가 힘들 텐데 말일세."

"그러게 말씀입니다. 올해는 사람들이 원님께 아무 것도 바치지 않을 것 같아 정말 걱정입니다."

"예끼, 이 사람! 이 어려운 판국에 백성한테 뭘 받을 궁리나 하다니! 내 생각에는 지난 몇 년 동안 모아 둔 것들을 백성들에게 다시 되돌려 주는 게 옳지 않을까 싶네."

"예? 아깝게 그것을요?"

"이방! 어차피 그것들은 백성들이 다 내게 바친 것이 아닌가? 내일부터 집집마다 쌀 한 가마니씩 나눠 줄 터이니 준비해 두게나."

"예이, 분부대로 거행하겠나이다."

다음 날 아침, 온 고을 백성들이 관가로 모여들었어요.

"더 거두어들여도 부족한데 오히려 저희들에게 곡식을 나눠 주신다니 정말 감사합니다."

"다 지난날 자네들이 내게 맡겨 둔 것이 아닌가. 어서 쌀 한 가마니씩 가져가도록 하게."

"아이고, 원님! 정말 이 은혜를 어찌 갚아야 할지……."

원님은 직접 쌀가마니를 나누어 주면서 고을 사람들을 격려했어요. 고통스런 흉년도 어느새 지나가고 이듬해에는 대풍년이 들었어요. 백성들은 수확한 농작물을 원님에게 전보다 더 많이 갖다 바쳤어요. 원님은 물건들을 광에 넣어 두면서 말했어요.

"이 재물들은 잘 보관했다가 또 어려움이 닥치면 다시 나누어 주도록 하겠네."

원님에게 선물을 바치는 백성들의 마음은 무척 즐거웠습니다.

경제 이야기 사회 보장 제도란?

"쌀독에서 인심 난다"는 속담이 있어요. 자신의 살림이 넉넉해야 인정을 베풀고 남을 도울 수 있다는 말이에요. 쌀독에서 인심이 나려면 쌀독이 풍요로워야 합니다. 나라도 마찬가지예요. 나라의 살림이 여유로우면 어려운 국민들을 더 보살피고 도와줄 수 있을 거예요. 원님의 광에서 인심이 난 것처럼 말이지요. 원님은 백성들이 풍요로울 때 바친 물건들을 모아 두었다가 백성들이 흉년으로 고생할 때 나누어 주었습니다. 지금의 말로 하면 사회 보장이 잘 되었다고 할까요?

근대 사회 이전에는 개인의 생활이 어려워지면 다른 가족이나 이웃들이 서로 도우며 문제를 해결했어요. 그러나 현대 사회는 다릅니다. 잘사는 사람과 못 사는 사람들 사이의 격차가 점점 더 심해지고, 일하다가 다치는 사람도 많고, 각종 사고도 늘어나면서 가족과 이웃이 할 수 있는 역할은 점점 더 줄어들게 되었어요. 그러자 국민들은 안심하고 맡은 일에 최선을 다할 수 있도록 나라에 최소한으로 안정되게 살 권리를 요구하게 되었지요. 이와 같이 국민이 인간다운 생활을 할 수 있도록 국가가 책임지고 도와주는 것을 '사회 보장'이라고 합니다.

사회 보장에는 크게 두 가지가 있어요. 공적 부조와 사회 보험입니다. '공적 부조'는 소득이 일정한 수준에 미치지 못하는 사람들을 도와주는 제도예요. '사회 보험'은 국민들이 늙거나 다치거나 병에 걸리거나 재해를 당했을 때 보험금으로 도와주는 제도이고요. 우리나라에는 국민 연금, 건강 보험, 고용 보험, 산재 보험의 4대 사회 보험이 법으로 운영되고 있습니다.

그럼 나라의 쌀독이 어느 정도 채워져 있느냐는 어떻게 판단할까요? 그것은 나라 살림(정부 재정)에서 사회 보장비가 얼마나 되는지를 기준으로 판단할 수 있어요. 선진국일수록 사회 보장비가 높고 국민들이 부담하는 비용도 많지요.

우리나라의 쌀독 사정은 어느 정도일까 궁금하지요? 아쉽게도 우리의 쌀독 사정은 경제협력개발기구(OECD) 회원국 가운데 가장 낮은 편입니다. 경제협력개발기구(OECD)가 발표한 '2018년 GDP 대비 사회 보장비 비율'을 보면, 우리나라 정부 재정 가운데 사회보장비의 비율은 11.1% 정도에 불과해요. OECD 회원국 가운데는 프랑스가 31.2%로 가장 높고, 벨기에(28.9%), 핀란드(28.7%), 덴마크(27.9%), 이탈리아(27.9%), 오스트리아(26.6%), 스웨덴(26.1%), 독일(25.1%)이 그 뒤를 따르는데, 이들 나라에 비하면 우리나라의 사회 보장비의 비율은 턱없이 부족한 편이지요. 우리나라의 쌀독을 풍요롭게 하려면 정부와 국민의 노력이 계속 필요합니다.

OECD(경제협력개발기구) 회원국

| 세상 속으로 | 사회 보장 제도는 언제 시작되었을까요?

 사회 보장이란 말이 우리 사회에서 사용되기 시작한 것은 그리 오래된 일이 아니에요. 1935년 미국에서 생긴 사회 보장법에서 비롯되었으니까요. 이 법은 가난한 사람과 부자인 사람 사이의 격차가 커지게 되면서 가난한 사람들의 기본적인 삶이 어려워지게 되어 생겼답니다. 사회 보장 기본법에는 사회 보장의 범위에 대해 "최소한의 인간다운 권리를 국가에서 보장하도록 노력한다."라고 정하고 있어요.
 우리나라 사회 보장 제도의 출발은 1800년대 말로 거슬러 올라갑니다. 지금과 같은 제도는 아니지만 1885년경에 생긴 가톨릭교회 고

아원 등 부모를 잃은 아이들을 돌보아 주는 고아원 시설들이 가난한 사람들의 생활을 도와주는 시설이었어요. 하지만 이 당시의 시설들은 정부에서 운영한 것이 아니라 종교 단체나 개인이 맡아 한 것이었어요.

　우리 정부가 나서서 실시한 첫 사회 보장 제도는 1947년에 제정된 '미성년자 노동 보호법'이라고 볼 수 있어요. 그 후 1959년 '건강 보험 제도 도입을 위한 연구회'가 보건 복지부에 세워지고, 다시 1962년에 '사회 보장 제도 심의 위원회'가 정식으로 만들어지면서 우리나라에도 본격적인 사회 보장 제도가 마련되기 시작했습니다.

경제가 보이는 퀴즈

1. 국민이 인간다운 생활을 할 수 있도록 국가가 책임지고 도와주는 것을 무엇이라고 할까요? (   )

    ① 생명 보험

    ② 사회 보장

    ③ 국민 연금

    ④ 의료 보험

2. 사회 보장에 대한 설명 중 바르지 못한 것은 다음 중 어느 것일까요? (   )

    ① 국민이 인간다운 생활을 할 수 있도록 국가가 도와주는 제도다.

    ② 사회 보장에는 크게 공적 부조와 사회 보험이 있다.

    ③ "쌀독에서 인심 난다"는 속담은 사회 보장과 밀접한 관련이 있다.

    ④ 사회 보장 제도는 우리나라에서 가장 먼저 시작되었다.

3. 국민들이 늙거나 다치거나 병에 걸리거나 재해를 당했을 때 보험금으로 도와주는 제도를 무엇이라고 할까요? (   )

    ① 사회 보험

    ② 국민 연금

    ③ 재해 보험

    ④ 정부 지출

정답 1.② 2.④ 3.①

5
경제 활동을 위해 꼭 필요해요

사회 간접 자본 만약 공항이 없다면 어떨까요? 사람들은 비행기를 탈 수 없으니 해외 여행을 포기해야 할 것이고, 기업들은 외국으로 물건을 수출하지 못해 돈을 벌 수 없을 거예요. 공항은 우리 생활을 편리하게 만들고 경제 활동을 지원해 주는 중요한 시설인 것이지요. 이렇게 우리 경제 활동에 꼭 필요한 시설들은 또 어떤 게 있을까요?

위기를 극복한 개미 왕국

숲 속에 개미 왕국이 있었습니다. 개미 왕국 주변에는 음식들이 많이 있었어요. 일개미들은 매일 음식을 모아 개미굴 속 음식 창고로 열심히 옮겼답니다.

"영차, 영차! 맛있는 음식을 어서어서 옮기자!"

그런데 시간이 지나면서 주변의 먹이는 점점 줄어들었어요. 어서 먹이가 있는 다른 곳을 찾지 않으면 개미들이 쫄쫄 굶게 생겼어요.

"여왕님! 큰일 났습니다. 왕국 주변에 있는 먹이가 점점 줄고 있습니다. 이대로라면 모두 굶어 죽을지도 모릅니다."

"뭐? 먹이가? 그럼 다른 곳에서 먹이를 구해 오면 되지 않느냐?"

"다른 곳에서 먹이를 구하려면 강을 건너야 합니다. 강이 너무 넓

고 깊어서 일개미들은 건널 수가 없습니다. 어떡하면 좋을까요?"

"음…… 어떡하면 좋을까? 아, 그래! 강을 건널 수 있는 다리를 건설해야겠다. 여봐라, 다리를 건설하도록 하라."

여왕개미의 명령에 일개미들은 땀을 뻘뻘 흘리며 다리를 만들기 시작했습니다. 햇볕이 쨍쨍한 날에도 비바람이 몰아치는 날에도 쉬지 않고 열심히 다리를 만들었어요. 빨리 다리를 건설하지 않으면 개미들이 다들 굶게 되니까요.

몇 달 후 튼튼하고 멋진 다리가 완성되었어요. 여왕개미는 튼튼한 다리를 보면서 흐뭇해했지요. 개미들은 이제 식량 걱정을 하지 않았어요. 조금 멀기는 했지만, 다리를 건너 음식을 가져오면 됐으니까요. 어느새 식량 창고에는 맛있는 음식들이 가득 쌓였답니다.

평화를 되찾은 개미 왕국에 또 다른 위기가 찾아왔어요. 며칠 동안 비가 많이 왔거든요. 강이 넘치고 굴이 거의 다 무너져 버렸어요. 비가 그치고 일개미들은 굴을 다시 만들었지만 걱정이 되었어요.

"다시 비가 와서 굴이 또 무너지면 어떡하지?"

여왕개미도 일개미들과 같은 걱정을 했지요.

"비가 오면 굴이 또 무너질 텐데……. 어떻게 하면 좋을까?"

그때 일개미 한 마리가 꾀를 냈어요.

"좋은 방법이 있습니다. 비가 와서 강이 넘치고, 그 때문에 굴이 무너졌지요. 강이 넘치지 않게 제방과 댐을 건설하면 어떨까요?"

"그래, 그렇게 하면 강이 넘칠 걱정이 없고 개미굴도 피해를 입지 않겠구나."

부지런한 일개미들은 강가에 튼튼하게 제방과 댐을 건설했습니다. 얼마 가지 않아 제방과 댐이 완성되었어요.

그 후 아무리 비가 많이 와도 개미굴은 무너지지 않았어요. 다리와 제방 그리고 댐 덕분에 개미 왕국 개미들은 계속 행복하게 살 수 있었답니다.

> **경제 이야기**   사회 간접 자본이란?

먹이를 구하기 위해 건설된 다리, 개미굴을 보호하기 위해 쌓은 제방과 댐은 개미들의 삶을 어떻게 변화시켰나요? 먹이를 구하는 일이 더 쉬워졌고 안전하게 살 수 있게 되었지요. 이처럼 새로운 가치를 생산해 내는 일에 직접 사용되지는 않지만 우리의 경제 활동을 위해 꼭 필요한 시설을 '사회 간접 자본'이라고 합니다. 도로, 항만, 철도, 통신, 전력, 수도, 학교, 병원, 공원 등이 대표적인 예로 모두들 우리 삶을 편리하게 만들어 주지요.

사회 간접 자본을 만드는 데에는 돈, 장비, 인력이 많이 필요하기 때문에 신중하게 결정해야 해요. 사회 간접 자본은 보통 정부나 공공단체가 건설해 국민들에게 제공하는데, 국민들은 공짜로 이용하거나 약간의 돈을 냅니다. 고속도로를 이용할 때 요금을 낸다던가, 국립공원에 가서 입장료를 낸다던가 하는 것이지요.

사회 간접 자본은 두 가지 특성을 가지고 있어요. 첫째, 기업의 생산 활동을 지원하여 간접적으로 생산력을 높여요. 도로나 공항에서 물건을 직접 만들지는 않습니다. 하지만 기업이 만든 물건을 빠르게 운반하기 위해 도로를 이용하고, 외국으로 물건을 수출할 때에는 공항을 이용하면서 생산력을 높일 수 있지요. 둘째, 사회 간접 자본은 우리 일상생활에 없어서는 안 되는 시설들이기 때문에 주로 국가에서 운영해요. 국가가 책임을 갖고 만들고 관리하는 것이지요.

경제가 발전한 나라들은 대부분 사회 간접 자본이 잘 갖추어져 있어요. 사회 간접 자본은 기업의 생산 활동을 지원하고 국민들이 편리하게 생활할 수 있도록 도와주어 그 나라 경제 발전에 매우 중요한 역할을 하기 때문입니다. 반대로 사회 간접 자본이 잘 갖추어져 있지 않으면 기업의 생산 활동과 국민들의 생활도 불편할 수밖에 없어요. 그래서 국가는 더 편리한 여러 시설들을 만들어 국민들의 경제생활을 도와줄 수 있도록 지원해 주어야 해요.

세상 속으로 역사 속의 사회 간접 자본

사회 간접 자본은 역사 속에서도 빛나는 업적을 나타냈어요. 역사적으로 볼 때 잘사는 나라들은 모두 사회 간접 자본에 지속적으로 투자해 국력을 쌓아 왔어요. 덕분에 사회 간접 자본이 잘 갖추어진 나라들은 경제 발전은 물론 찬란한 문화를 이룩했지요.

기원전 로마인들은 잘 정비된 도로와 상수도 시설을 통해 당시 로마 제국의 막강한 국력을 잘 보여 주었어요. 로마 제국은 크고 작은 도시에 수로, 즉 물길을 만들어 식수, 산업용, 농업용 물을 공급했어요. 수도 로마에만 11개의 수로가 있었는데, 전체 길이가 350킬로미터에 달했다고 해요. 이렇게 물을 공급한 덕분에 로마 시민들은 훌륭한 위생 시설을 갖추고 살 수 있었답니다.

18세기 후반 산업 혁명 이후 유럽 국가들도 공장들의 생산을 지원하고 시민들이 편리하게 살 수 있도록 전력, 물, 도로 관련 시설을 넓혔어요. 이 외에도 넓은 국토를 거미줄처럼 연결하고 있는 미국의 고속도로 망과 수많은 공항, 프랑스의 고속 철도 테제베 열차, 싱가포르 항, 네덜란드의 로테르담 항 등은 이들 국가의 부강한 국력을 상징적으로 보여 주는 사회 간접 자본들입니다.

경제가 보이는 퀴즈

1. 새로운 가치를 생산해 내는 일에 직접 사용되지는 않지만 우리의 경제 활동을 위해 꼭 필요한 시설을 무엇이라고 할까요? (   )

   ① 사회 간접 자본　　　② 생산 자본
   ③ 화폐 자본　　　　　④ 물적 자본

2. 다음 중 사회 간접 자본에 들지 않는 것은 어느 것일까요? (   )

   ① 도로　　　　　　　② 공장
   ③ 항만　　　　　　　④ 공항

3. 아래의 설명은 다음 중 무엇에 대한 설명일까요? (   )

   18세기 후반 산업 혁명 이후 유럽 국가들은 공장들의 생산을 지원하고 시민들이 편리하게 살 수 있도록 전력, 물, 도로 관련 시설을 넓혔어요. 이 외에도 넓은 국토를 거미줄처럼 연결하고 있는 미국의 고속도로 망과 수많은 공항, 프랑스의 고속 철도 테제베 열차, 싱가포르 항, 네덜란드 로테르담 항 등은 이들 국가의 부강한 국력을 상징적으로 보여 주는 것입니다.

   ① 기술 진보　　　　　② 사회 간접 자본
   ③ 산업 혁명　　　　　④ 유통 혁명

정답 1.① 2.② 3.②

6
무조건 아끼는 것이 정답은 아니에요

절약의 역설 우리는 아끼고 절약하는 일이 중요하다는 이야기를 늘 듣고 있어요. 하지만 맛있는 음식을 아껴 먹어야지 하고 두고두고 보관하다 결국은 맛이 변해 못 먹게 되면 어쩌지요? 아끼는 것이 좋다는 것은 누구나 잘 아는 사실이지만, 아끼는 정도에 대해서는 한번 생각해 볼 필요가 있어요. 무조건 아끼는 것이 좋은 일일까요?

옹고집의 후회

옹진골 옹당촌에 성은 옹, 이름은 고집인 사람이 살고 있었어요. 옹고집은 그 마을에서 제일가는 부자였지요. 하지만 성질이 고약하고 심술이 맹랑하며, 비뚤어진 마음을 가진 사람이었어요. 옹고집은 고래 등 같은 기와집에 살면서 끼니마다 맛있는 음식을 골라 먹으면서도 남을 위해서는 한 푼도 쓰지 않았어요. 아픈 팔십 노모를 약 한 첩 쓰지 않고 추운 방에 둘 정도였으니까요. 이에 늙은 어머니가 아들의 불효를 나무랐어요.

"너를 애지중지 기른 어미의 공도 모르느냐? 옛날 효자 왕상이는 얼음 속의 잉어를 낚아다가 병든 모친을 봉양했다는데……."

"옛말에 사람은 칠십까지 살기 어렵다 했는데, 어머니는 팔십까지 사셨잖아요? 뭘 더 바라세요."

옹고집은 어머니에게 오히려 큰소리를 쳤답니다.

어느 해 나라에 큰 가뭄이 들었어요. 그해 농사는 흉년이라 많은 사람이 끼니를 거르게 되었어요. 하지만 옹고집은 광에 쌀이 만 석이나 쌓여 있어 아무 걱정이 없었지요. 마을 사람들은 옹고집을 찾아갔어요.

"옹 대감, 온 마을 사람들이 굶주리고 있습니다. 아이들은 배가 고프다고 울어 대고, 병든 어머니에게 죽 한 그릇도 드리지 못해요. 제발 쌀을 조금만 나누어 주십시오."

하지만 옹고집은 남의 사정이야 어떻든 아랑곳하지 않았어요.

"우리 집에 무슨 쌀이 있다고 그러는 게냐? 우리 식구 양식도 모자랄 판이다. 헛소리 말고 썩 물러가라!"

이웃들의 사정을 뻔히 알면서도 옹고집은 빈손으로 돌려 보냈어요. 사람들은 옆 마을에서 곡식을 빌려와 어렵게 그해를 넘겼지요.

몇 년 뒤, 이번에는 마을에 홍수가 났어요. 엄청난 홍수로 논밭의 곡식이 물에 잠기고, 가축들은 떠내려가 버렸어요. 옹고집의 광에 쌓여 있던 쌀도 모두 떠내려갔지요.

마을 사람들은 큰 가뭄 때 곡식을 빌렸던 옆 마을에 가서 또 도움을 청했어요. 예전 가뭄 때 빌렸던 곡식을 성실하게 갚아 신용을 얻었기에 옆 마을 사람들은 기꺼이 다시 도움을 주었어요. 하지만 인심을 잃은 옹고집만은 사정이 달랐어요.

옹고집은 마을 사람들을 찾아다니며 곡식을 좀 나누어 달라고 사정했지요. 하지만 마을 사람들은 매몰차게 거절했어요.

"흥, 우리가 어려워 애걸할 땐 콧방귀만 뀌더니! 어림없어!"

"그 많던 재산을 물에 다 떠내려가 버리고 거지꼴로 저게 뭐람!"

"사람 팔자 정말 알 수 없다더니. 그러니 있을 때 잘해야 해!"

이웃 마을 사람들도 옹고집을 거들떠보지 않았어요. 옹고집은 두고두고 지난날을 후회했고 다시는 그렇게 인색하게 살지 않기로 결심했답니다.

경제 이야기 | 절약의 역설이란?

'옹고집의 후회'에서 옹고집은 재물을 모으기만 했어요. 엄청난 재산을 모으고도 마을 사람들이 어려울 때 전혀 도와주지 않았지요. 결국 그렇게 아끼던 재산은 홍수로 다 떠내려가 버렸습니다.

"절약만 하고 쓸 줄을 모르면 친척도 배반한다"는 속담이 있어요. 이는 형편이 될 때 남을 도와주면 반대로 자신이 어려움에 처했을 때 그들로부터 도움을 받을 수 있다는 말입니다. 재물은 아껴서 모으기만 할 것이 아니라 필요한 곳에 적절하게 쓰는 것이 결국 더 많은 재물을 모을 수 있는 방법이 됩니다.

버나드 맨더빌도 지적한 '절약의 역설'

"이제는 어떤 지위 높은 사람도 쓰기 위해 빚지고 살기는 싫어 하인들 제복은 전당포에 걸리게 되고, 마차도 헐값으로 팔아 버리고, 멋진 말도 무더기로 팔아 버리고, 별장도 다 팔아서 빚을 갚았다. 소비는 사기처럼 멀리하고, 외국에 파견한 군대도 철수했다. 진수성찬도 줄여 버리고, 튼튼한 옷을 사철 두고 입는다. 그 결과는 어떠한가? 황홀한 궁전에는 셋집 광고가 붙어 있다. 건축업은 송두리째 몰락하고 장인들은 일자리를 잃고 있다. 예술로 이름난 화공도 없고, 석공도 조각사도 이름이 없다."

18세기 영국의 사상가 버나드 맨더빌도 자신의 책 『꿀벌의 우화』에서 지나친 검소함에 대해 여러 가지 문제점을 지적했어요. 만약 모든 사람이 가장 소박한 먹을거리, 가장 검소한 옷, 가장 기본적인 집으로 만족한다면 다양성이나 발전은 사라진다는 이야기지요.

경제에서 소비도 이와 똑같아요. 소비 없이 생산만 계속한다면 재고만 쌓이게 되고, 결국 생산을 줄여야 해서 일하는 사람을 줄이게 되고, 나아가 경제 상황이 나빠지게 되지요. 이를 '절약의 역설'이라고 합니다. 절약은 분명히 권장해야 할 미덕이지만 너무 아끼기만 해 소비가 위축되어 경기 침체를 불러오면 오히려 악덕이 되는 것이에요.

경제는 생산과 소비가 적절히 균형을 이룰 때 끊임없이 발전할 수

있어요. 돈은 버는 것도 중요하지만 적절하게 쓸 때 진정한 가치를 발휘하게 되는 것이지요.

우리 인류가 발전해 왔다는 것은 결과적으로 무엇을 뜻할까요? 문명의 역사는 한때 극소수의 사람들만이 즐겼던 사치재가 점점 보통 사람들의 손으로 옮겨지는 과정이라고 할 수 있어요. 어느 시대든지 그때마다 사치스러운 물건을 즐기는 사람이 있어야 물건의 질이 점점 좋아지고 결국 그 물건이 대량 생산되면서 생활의 질이 날로 나아지게 되지요. 오늘날 다들 쓰는 텔레비전, 냉장고, 휴대 전화, 컴퓨터, 자동차 같은 생활의 필수품들도 몇십 년 전에는 보통 사람들은 살 생각조차 하기 어려운 사치품들이었으니까요.

우리는 늘 검소하게 살아야 합니다. 하지만 너무 검소하여 필요한 소비마저 하지 않게 된다면 생산이 줄게 되고 따라서 상업도 부진해질 거예요. 그리고 경제는 더욱더 위축되겠지요. 사치와 낭비는 자제해야 하지만, 균형적인 소비는 경제 발전을 위해 오히려 권장되어야 합니다. 적절한 소비를 통해 우리 경제에 활력을 불어넣을 수 있게 말이지요.

세상 속으로   박제가의 '우물론'

절약의 역설은 오늘날 갑자기 생겨난 이야기가 아니에요. 우리나라 조선 시대에도 절약의 역설을 주장한 학자가 있었답니다.

조선 후기의 대표적인 실학자 박제가는 자신의 책 『북학의』에서 "비단을 입지 않으니 나라 안에 비단 짜는 사람이 없고, 그릇이 비뚤어지든 어떻든 간에 개의치 않으므로 예술의 교묘함을 알지 못하니 나라에 공장과 도기를 굽는 사람과 쇠를 만드는 곳이 없어지고, 기예도 없어지는 것이다."라고 했습니다. 필요한 소비가 이루어지지 않는 데서 생기는 문제점을 예리하게 지적한 말이지요.

또한 박제가는 "우물 물은 퍼 쓸수록 맛이 있다."는 '우물론'을 주장했어요. 그의 말처럼 우물 물은 일정한 속도로 계속 퍼 쓰지 않으면 물이 고이고, 오랜 시간이 지나면 썩기 마련이지요. 샘이 솟는 곳에 우물을 만들었으므로 우물 물은 계속 퍼 써야만 다시 깨끗한 물이 차오르고 맛도 좋아지는 거예요. 이 이야기 역시 절약의 역설을 잘 설명하고 있습니다.

그런데 불행하게도 박제가가 이런 말을 한 지 240여 년이 지난 오늘날에도 박제가가 걱정할 만한 일이 벌어지고 있어요. 우리나라가 1997년 말에 겪은 외환 위기 때도, 2008년 세계적 금융 위기 때도,

2020년 코로나19 사태 때도 그랬습니다. 당시는 외환위기, 금융위기, 코로나19 사태로 인하여 실업자가 폭증하고, 회사에 다니는 사람들도 월급이 깎이고, 사람들은 이 위기가 언제까지 계속될지 모른다는 불안감에 떨고 있었어요. 그러자 주부들은 대부분 허리띠를 졸라맨 채 소비를 최대한 줄이고 저축을 늘렸지요. 앞으로 닥칠지 모르는 더 큰 어려움에 대비하기 위해서 외식비를 줄이고 고장 난 물건은 고쳐 쓰는 등 아끼고 또 아꼈습니다. 이 모두가 개인적으로는 불가피하고도 현명한 선택이었지요.

하지만 여기에는 현명한 개인들이 고려할 수 없는 문제가 하나 더

있었습니다. 개인이 무엇인가 물건을 사야 다른 누군가가 소득을 얻을 수 있고, 또 다른 누군가가 지출을 해야 나 역시 소득을 얻을 수 있다는 사실을 놓쳤던 것이지요. 모든 사람이 지출을 줄이기만 한다면 장사가 되는 곳은 아무 데도 없겠지요? 내 가족이 다니는 회사도 예외일 수는 없고요.

적절하게 우물 물을 사용하는 것이 필요하듯이 침체에 빠진 경제 상황에서는 생산된 물건을 소비하는 일이 오히려 국민 전체의 경제생활을 더욱 윤택하게 해 준다는 점을 기억하도록 해요.

경제가 보이는 퀴즈

1. "절약만 하고 쓸 줄을 모르면 친척도 배반한다"는 속담과 가장 어울리는 경제 용어는 다음 중 어느 것일까요? (　)

    ① 소비의 역설　　② 투자의 역설　　③ 생산의 역설　　④ 절약의 역설

2. 조선 후기 실학자 박제가가 주장한 "우물 물은 퍼 쓸수록 맛이 있다"는 '우물론'은 다음 중 무엇의 중요성을 강조한 것일까요? (　)

    ① 소비　　　② 생산　　　③ 저축　　　④ 투자

3. 다음은 어떤 문제점을 지적한 것일까요? (　)

    이제는 어떤 지위 높은 사람도 쓰기 위해 빚지고 살기는 싫어 하인들 제복은 전당포에 걸리게 되고, 마차도 헐값으로 팔아 버리고, 멋진 말도 무더기로 팔아 버리고, 별장도 다 팔아서 빚을 갚았다. 소비는 사기처럼 멀리하고, 외국에 파견한 군대도 철수했다. 진수성찬도 줄여 버리고, 튼튼한 옷은 사철 두고 입는다. 그 결과는 어떠한가? 황홀한 궁전에는 셋집 광고가 붙어 있다. 건축업은 송두리째 몰락하고 장인들은 일자리를 잃고 있다. 예술로 이름난 화공도 없고, 석공도 조각사도 이름이 없다.

    ① 지나친 생산　　　　② 지나친 검소
    ③ 지나친 투자　　　　④ 지나친 여행

정답 1.④ 2.① 3.②

7

시장도 해결하지 못하는 것이 있어요

시장의 실패 영국의 경제학자 애덤 스미스가 말한 '보이지 않는 손'의 역할을 기억하나요? 자유롭게 경쟁하는 시장에서는 누가 간섭하거나 통제하지 않아도 가격이 스스로 제한된 자원들을 가장 효과적으로 나누어 주는 역할을 한다는 것이지요. 하지만 이런 시장의 역할이 항상 성공하고 있지는 않아요. 시장의 실패라면 어떤 경우를 말하는 걸까요?

필통 가족의 병

"아버지 돈 좀 주세요. 이제 새 학용품을 사서 새 기분, 새 마음으로 공부 좀 하려고요."

"공부 열심히 하려는 부탁이라면 들어주고말고. 얼마면 될까?"

"필통 하나, 연필 두 자루, 지우개 하나, 자 하나, 공책 10권……. 참! 샤프도 한 자루. 3만 원은 가져가야 할 것 같은데요?"

"그래, 알았다."

갈갈이는 아버지가 준 돈으로 예쁜 인형들이 그려진 이층 필통을 샀어요. 새 필통 안에 학용품 가족들을 가지런히 정리하고 서로 인사도 시켰어요. 학용품들은 "주인 갈갈이가 참 착하고 공부도 잘할 것 같아 보인다."며 좋아했어요. 학용품 가족들은 서로 도우며 행복하게 지냈어요.

갈갈이는 매우 바빴어요. 학교에 갔다 오면 집에 있을 겨를도 없이 수학 학원에 가야 했어요. 곧장 이어서 영어 학원, 컴퓨터 학원, 태권도 도장에도 갔어요.

　　수학 시험이 있는 날이었어요. 갈갈이는 다른 과목은 좋아했지만 수학은 정말 싫었어요. 드디어 수학 시험 시간이 되었어요.

　　"어제 저녁에 열심히 공부했는데, 왜 도무지 생각나지 않지?"

　　갈갈이는 수학 문제가 잘 풀리지 않자 답을 계속 썼다 지웠다 했어요. 그 바람에 지우개는 쉴 틈이 없었지요. 자연히 지우개의 몸에는 더러운 찌꺼기들이 더덕더덕 붙게 되었지요.

　　필통 안에는 몸을 깨끗하게 하고 들어가야 하지만, 종일 너무 피곤했던 지우개는 찌꺼기를 털지 않고 필통 안에 그냥 들어갔어요. 그날 뒤에도 지우개는 몸이 좀 피곤하면 찌꺼기를 붙인 채 필통에 들어갔어요. 그러다 보니 피곤하지 않아도 그냥 들어가서 찌꺼기를 몰래 쌓아 두는 날들이 늘어났어요.

더러운 찌꺼기가 쌓이자 필통 안의 학용품 식구들은 하나둘 시름시름 앓기 시작했어요.

"연필이 영 힘이 없어 보이고, 자도 아픈 것 같은데 웬일이지?"

모두들 곰곰이 생각했지만 원인을 찾을 수가 없었어요.

"우리가 아픈 이유를 알아냈어요. 그건 자기 몸을 깨끗하게 관리하지 못한 지우개 때문이라고요. 지우개에 붙어 있는 찌꺼기를 한번 보세요!"

예리한 샤프가 날카롭게 지적했어요. 그제야 학용품 가족들은 병의 원인을 제공한 게 지우개임을 알게 되었어요. 필통 안 친구들은 의논 끝에 지우개에게 사회 봉사 1년의 벌을 내리고, 찌꺼기를 모두 깨끗이 치우게 했어요.

그 후 지우개는 자신의 잘못을 뉘우치고 몸을 깨끗하게 관리했고, 필통 안의 친구들은 모두 행복하고 건강하게 살았답니다.

경제 이야기 시장의 실패란?

'필통 가족의 병'에서 지우개는 귀찮아서 자기 몸을 깨끗이 하지 않았어요. 그런 잘못된 행동 탓으로 학용품 가족들이 모두 시름시름 앓게 되었지요. 못된 사람들의 잘못된 생각과 행동을 그대로 내버려 둔다면 그 사회나 국가는 어떻게 될까요? 구성원 모두가 과연 행복할까요? 더 풍요롭고 행복한 사회를 위해서는 어떤 조치가 요구될까요?

시장에서는 무엇을, 얼마나, 어떻게 생산하고 소비할지 정해 주는 사람이 없는데도 아무 불편 없이 거래가 이루어지고 있어요. 시장에서 경쟁을 통해 가장 낮은 비용으로 재화와 서비스를 생산해서 가장 높은 만족을 얻는 사람이 이를 소비하게 만들지요. 이런 과정을 통해 시장에서는 희소한 자원이 부족하지도 남지도 않게 적절하게 사용됩니다.

그러나 시장이 이런 기능을 언제나 다 하지는 못해요. 때로는 사회 전체가 가장 큰 이익을 얻을 수 있는 수준보다 자원이 더 많이 사용되어 낭비되기도 해요. 또 재화와 서비스가 모자라는 경우도 있어요. 심지어 어떤 재화와 서비스는 사회 전체에 큰 이익을 주지만 시장에서 생산되지 않는 경우도 발생해요.

시장이 제 역할을 하지 못하게 되는 상황에 대해 좀 더 자세하게 알아볼까요? 먼저 기업 하나가 시장을 독점해 공정한 경쟁이 이루어지지 않을 때예요. 과자를 만드는 기업이 하나밖에 없다고 쳐요. 그럴 경우 이 기업은 경쟁 상대가 없으므로 과자의 가격을 자기 마음대로 결정할 수 있어요. 아무리 비싸게 가격을 불러도 과자가 먹고 싶은 사람은 이 기업의 과자를 살 수밖에 없으니까요.

둘째, 우리가 보통 시장에서 구입해 사용하는 재화나 서비스와는 다른 성격의 재화나 서비스가 있기 때문이에요. 흔히 '공공재'라고 불리는 것들이에요. 공공재는 우리 모두가 함께 사용하는 재화나 서비스예요. 도로, 경찰서, 소방서, 공원, 가로등 등을 떠올려 보세요. 내가 우리 집 앞 도로를 걷는다고 해서 뭐라고 말하는 사람은 없고, 소방서에서 나와 불을 꺼 주었을 때에도 따로 요금을 내지는 않지요. 이러한 공공재는 내가 소비를 한다고 해서 다른 사람이 그것을 사용하지 못하게 되는 것도 아니고, 다른 사람이 그 재화를 소비하지 못하게 서로 방해하지도 못해요.

셋째, 어떤 사람의 행동이 뜻하지 않게 제삼자에게 혜택 또는 손해를 가져다주는 경우예요. 시장에서 거래되지 않는데도 나의 활동이 다른 개인이나 기업에게 혜택을 주는 상황으로, 이를 '외부 경제'라고 해요. 예를 들어, 과수원 옆에 꿀을 생산하는 양봉업자가 살아요. 과수원에 꽃이 활짝 피었을 때 양봉업자는 벌이 꿀을 채취할 수 있어 좋아요. 과수원 주인 역시 꽃에 가루받이가 잘 이루어져 많은 과일을 얻을 수 있지요. 이 경우에는 과수원 주인과 양봉업자가 서로서로 외부

경제를 누리고 있는 것이지요. 이웃집에서 뿌린 소독약 덕분에 우리 집의 해충이 없어졌다면 그것도 역시 외부 경제예요.

반대로 개인 혹은 기업의 경제 활동이 그 거래와는 전혀 관계가 없는 다른 사람들에게 손해를 끼치는 것을 '외부 불경제'라고 해요. 공장에서 폐수를 흘려 보내면, 그 공장과 전혀 관계없는 주민들이 피해를 입는 경우가 대표적이지요. 그렇다고 공장에서 개인의 피해를 보상하는 일은 거의 없어요. 자동차의 매연이 길 가는 사람의 건강을 나쁘게 하는 것도 외부 불경제의 하나입니다. '필통 가족의 병'에서 지우개 가루 때문에 다른 학용품들이 아프게 된 것도 외부 불경제이지요.

마지막으로 사람들이 자신의 '책임'은 가벼이 여기면서, 주어진 자리를 이용해 자신의 이익(이권)을 챙기려는 현상도 시장이 제 역할을 못하게 해요. 이런 현상을 '도덕적 해이'라고 하지요. 도덕적 해이는 원래 보험에서 쓰기 시작한 말로 자기가 맡은 일에 최선을 다하지 않으려는 마음가짐이나 행동, 또는 다른 사람들의 이익을 희생시키면서 그 대가로 자기만의 이익을 얻으려는 기회주의적인 행위를 말합니다.

지금까지 살펴본 이유들 때문에 시장이 본래의 역할을 제대로 하지 못하여 효율적인 자원 배분에 실패하는 경우가 많아요. 이것을 우리는 '시장의 실패'라고 합니다. 시장에서 형성된 가격, 즉 '보이지 않는 손'에 의해 자원이 바람직하게 생산자와 소비자에게 나누어지는 일은 독과점 기업, 공공재, 외부 효과, 도덕적 해이 등이 존재하지 않는다는 가정 아래에서 제대로 이루어질 수 있어요. 그런데 실제 경제에서는 대체로 이것들이 존재하므로 시장의 실패가 생기는 것이지요. 따라서 시장이 제 역할을 못할 경우에는 정부가 나서 국민들의 경제 활동을 직간접적으로 간섭하고 규제를 하는 것이 필요합니다.

세상 속으로 | 공유지의 비극을 막는 방법

우리 생활에서 시장이 실패할 수 있는 경우를 하나 더 살펴보기로 해요. 공공재와 관련한 내용이랍니다. 지하자원, 초원, 공기, 호수에 있는 고기처럼 모두가 함께 사용하는 자원은 개인의 이익을 앞세우는 시장의 기능에 맡겨 두면 위험해요. 사람들이 지나치게 많이 사용해서 자원이 모두 사라질 수 있으니까요. 이를 '공유지의 비극'이라고 해요. 따라서 이런 자원에 대해서는 국가가 관여해서 해결한답니다. 그렇지 않으면 사용하는 사람들끼리라도 어느 정도까지만 사용하자고 약속하고 그 이상 사용하지 못하도록 철저하게 제한하는 게 필요해요.

예를 들어, 양을 키우며 살아가는 어느 마을에 공동으로 이용할 수 있는 목초지가 있어요. 그런데 어느 날부터 풀이 무성하던 목초지가 조금씩 사라져 가더니 결국 완전히 메말라 버려요. 목초지가 공유지였던 까닭에 서로 관리를 떠넘긴 탓이지요. 공동 소유, 공동 관리가 실패로 끝날 수밖에 없는 이유이기도 하지요.

그렇다면 공유지의 비극을 예방하는 방법은 없을까요? 가장 좋은 방법은 공유지를 쪼개어 개인에게 나누어 주는 것이에요. 이렇게 되면 자기 목초지를 관리해야 할 동기가 부여되기 때문에 목초지 전체가 황폐해지는 것을 막을 수가 있어요.

경제가 보이는 퀴즈

1. 다음 중 시장의 실패를 가져오는 원인이 아닌 것은 어느 것일까요? (   )

    ① 독과점 기업의 존재　　② 공공재
    ③ 사회 보장　　　　　　④ 외부 경제와 외부 불경제

2. 다음 내용은 무엇에 대한 설명일까요? (   )

    지하자원, 초원, 공기, 호수에 있는 고기처럼 모두가 함께 사용하는 자원은 개인의 이익을 앞세우는 시장의 기능에 맡겨 두면 위험해요.

    ① 공공재　　　　　　　② 외부 경제
    ③ 외부 불경제　　　　　④ 도덕적 해이

3. 다음은 무엇에 대한 설명일까요? (   )

    과수원에 꽃이 활짝 피었을 때 양봉업자는 벌이 꿀을 채취할 수 있어서 좋아요. 과수원 주인 역시 꽃에 가루받이가 잘 이루어져 많은 과일을 얻을 수 있지요. 그렇지만 이 두 사람은 서로 어떤 대가도 지불하지 않아요.

    ① 공공재　　　　　　　② 외부 경제
    ③ 외부 불경제　　　　　④ 비대칭적 정보

정답: 1.③ 2.① 3.②

8

작지만 효율적인 정부가 필요해요

정부의 실패 우리 국민의 행복한 경제생활을 위해 정부는 여러 가지 노력을 하고 있습니다. 일자리를 잃은 사람이 많이 생길 때, 땅값이 너무 올라 국민들이 고통을 받을 때 등 정부가 우리 경제를 살리기 위해 나서는 일은 많지요. 하지만 우리가 남을 도울 때는 그 사람의 사정과 형편을 정확하게 알아야 하듯이, 정부 역시 제대로 된 정보와 지식을 갖추어야 우리 경제의 문제점을 해결할 수 있답니다.

거울 소동

거울이 귀했던 옛날 일이에요. 한 농부가 서울에 가게 되었어요. 집안일을 잘 맡기고 집을 나서려는데 부인이 부탁했어요.

"여보, 오실 때 저 하늘의 달처럼 생긴 빗 하나 사다 주세요."

그날 밤하늘에는 초승달이 떠 있었어요.

며칠이 걸려 서울에 도착한 농부는 계획했던 볼일을 다 보았어요. 농부는 고향에 돌아갈 채비를 하다가 아내의 부탁을 떠올렸어요.

'하마터면 잊을 뻔했네. 부인이 뭘 사 오라고 했더라?'

농부는 아무리 생각해도 물건의 이름이 떠오르지 않았어요.

'맞아! 달처럼 생긴 것을 사 오라 했지.'

그러고는 밤하늘을 쳐다보았지요. 그날 밤하늘에는 보름달이 떠 있었어요. 시간이 지나 어느새 초승달이 보름달로 바뀐 것이었지요. 농부는 시장으로 달려가 장신구를 파는 장수에게 말했어요.

"여보시오, 주인장! 여자들이 쓰는 둥근 물건 없소?"

"둥근 것이라…… 이름은 모르시오?"

"이름은 잘 모르겠소만, 저기 저 달처럼 생긴 거라오."

"여자들이 쓰는 보름달처럼 둥근 거요? 아, 거울 말씀이신가?"

"아, 그것 정말 달처럼 생겼군. 하나만 주시오."

농부는 거울을 사 가지고 집으로 돌아왔어요. 그리고 기쁜 마음으로 서울에서 사 온 거울을 아내에게 주었어요.

"아니, 이게 뭐예요?"

"당신이 사 오라고 부탁하지 않았소? 여자들이 쓰는 물건!"

아내는 조심스럽게 포장을 뜯어 그 속에 든 물건을 살펴보았어요. 그러고는 바로 "어머나!" 소리치고는 뒤로 벌렁 자빠졌어요.

잠시 뒤 정신을 차린 아내는 남편을 향해 소리쳤어요.

"아니, 누가 이런 예쁜 여자를 데리고 오라고 했어요?"

아내는 곧장 시어머니에게 달려가서 말했어요.

"어머니, 서울 갔던 아범이 글쎄 젊은 여자를 데려왔지 뭐예요. 아무래도 아범이 바람이 났나 봐요."

"뭐라고? 어디 나도 한번 보자. 이런! 젊은 여자가 아니라 늙은 할망구를 데려왔구먼!"

시어머니는 거울에 비친 자신의 모습을 본 것이었어요. 이번에는 떡을 물고 온 손자가 울음을 터뜨렸어요.

"으앙, 얘가 내 떡을 물고 있어! 빨리 내 떡 내 놔!"

시아버지는 안 되겠다 싶어 거울을 뺏어 원님을 찾아갔어요. 원님도 거울을 들여다보더니 깜짝 놀랐어요.

"점잖으신 원님이 새로 오셨군요. 앞으로 마을을 잘 부탁합니다."

원님은 거울 속의 자신에게 꾸벅 절을 했답니다.

> 경제 이야기

정부의 실패란?

'거울 소동'은 불완전한 지식과 정보가 미치는 영향이 어떤 것인지 일깨워 주는 이야기예요. 농부는 물론이고 그의 가족, 심지어 원님까지 거울이 뭔지 알지 못했어요. 그래서 모두 거울에 비친 자기 모습을 보고 큰 혼란에 빠질 수밖에 없었지요.

우리 속담에 "선무당이 사람 잡는다"는 말이 있어요. 잘 알지도 못하는 사람이 아는 체를 하다가 일을 그르친다는 뜻이에요. 실제 우리 경제생활에서 이런 일이 자주 일어나요.

1960년대 우리나라가 경제 개발에 힘쓰기 시작한 초기에는 정부가 많은 정보를 가지고 국민 경제를 조정했어요. 보통 사람들보다 정부가 가진 정보의 양이 훨씬 많았지요. 그런데 지금은 상황이 달라졌어요. 인터넷, 전화 등 통신이 발달하면서 누구나 정보를 가질 수 있는 기회와 양이 엄청 늘어났지요. 심지어는 정부가 개인이나 기업보다 정보에 더 어두운 경우도 있답니다. 이렇다 보니 정부가 완전하지 않은 정보로 개인이나 기업을 도와주려다 오히려 실패하는 경우가 적지 않아요. 이를 불완전한 지식과 정보로 인한 '정부의 실패'라고 합니다.

왜 이러한 문제가 생길까요? 무엇보다 정부가 낡은 지식을 가져 빠르게 변하는 경제 상황에 대처하지 못하기 때문이에요. 사실 경쟁자가 없는 정부 기관이나 그곳에서 일하는 사람들은 급변하는 상황에 대해 지식과 정보가 부족할 수 있어요. 문제는 이런 부족하고 어설픈 지식과 정보로 특정 기업이나 개인의 편을 드는 경우가 있다는 거예요.

또 불공평한 정부의 규제도 큰 문제예요. 정부가 특정한 사람들에게만 유리한 제도를 만들 뿐만 아니라 어떤 사람이나 기업이 자유롭게 자신들이 원하는 시장에 참여하지 못하도록 장벽을 치는 것이지요. 예를 들면, 누군가가 돈을 벌기 위해 식당이나 미용실 등을 차리려고 할 때 조건을 까다롭게 만들어 가게를 열 수 없게 만드는 거예요. 경쟁자를 줄여 이미 같은 일을 하고 있는 사람들에게 손해를 끼치지 않게 하려는 목적이지요.

한편 우리 속담에 "빈대 잡으려다 초가삼간 다 태운다"는 말이 있어요. "빈대 미워 집에 불 놓는다"고도 하지요. 이 말은 큰 손해를 볼 것은 생각하지 못하고, 제게 마땅치 않은 것을 없애기 위해 과잉 대응했다가 오히려 큰 손해를 본다는 뜻입니다. 귀찮은 빈대를 잡으려다 집을 몽땅 태운다면 정말 어리석은 일이지요. 조상들의 지혜로운 경고에도 불구하고 오늘날에도 이런 일이 자주 생깁니다.

기업의 크기가 상대적으로 작은 중소기업에 대해 정부가 규제하는 것이 너무 많은 경우가 그 예이지요. 중소기업이 회사를 만들어 등록하려면 필요한 조건은 수천 가지가 넘어요. 이 조건들을 모두 지키면 능률적으로 생산을 하기는커녕 기업을 경영하는 것 자체가 힘들어질 수 있을 정도로 말이에요.

정부 규제가 지나치면 경제가 정치에 따라 흔들리기도 하고, 공무원들이 부정과 비리를 저지르는 계기가 되기도 합니다. 너도나도 내 이익을 위해 정부에서 일하는 사람들을 나쁜 방법으로 꾀려고 하기 때문이지요. 이는 사회를 부패하게 만들어 결국 기업이 다른 나라 기업들과의 경쟁에서 지게 만드는 요인이 되지요.

사실 우리 경제에서 정부의 강력한 규제가 필요한 경우는 따로 있습니다. 환경, 보건, 산업 재해 예방, 소비자 보호 등 많은 사람의 안전과 전체의 이익에 대한 문제가 많거든요. 경제·사회 질서가 바람직하게 이루어질 수 있도록 정부가 개입하여 기업과 개인의 행위를 제약하는 '정부 규제'는 이런 쪽에 더 힘을 쏟아야 합니다.

  오늘날 많은 나라에서는 '작고 효율적인' 정부를 원하고 있어요. 경제 개발 초기에 국민 경제 활동에 적극적으로 개입하던 '큰 정부'가 아니라, 빠르고 신속하게 일을 처리하여 경제의 능률을 극대화시켜 줄 수 있는 그런 정부 말입니다.

> **세상 속으로** 올바른 정부 규제는 어떤 것일까요?

실제 우리 사회에서 정부의 개입이 지나쳐 실패한 경우를 살펴볼까요? 지나친 정부 규제로 국가 경쟁력을 잃은 프랑스의 일화예요. 좀 오래된 이야기지만, 루이 14세가 다스리던 프랑스에서는 한때 경제의 모든 부문을 관료가 지배하여 각종 규제를 마구 만들어 냈어요. 당시 재무상 장 바티스트 콜베르는 수많은 규제를 만들어 생산을 관리했습니다. 생산 방식도 아주 조그마한 부분까지 일일이 정해서 어떤 옷을 만들 때 들어가야 하는 실의 개수까지 정해져 있었다고 해요. 옷을 염색하는 데만 해도 317개의 규제가 있었다고 하고요. 또 양의 털 깎기는 5월과 6월에만 할 수 있고, 검은 양은 도살할 수 없는 등 모든 산업에 매우 미세한 규정이 정해져 있었답니다. 이러한 콜베르의 규제는 결국 프랑스 경제가 성장 잠재력과 경쟁력을 잃는 원인이 되었어요. 누군가가 내가 하는 일을 처음부터 끝까지 지시하고 모든 일을 정해진 대로만 처리해야 한다면 일할 맛이 나지 않겠지요.

한편 필요한 규제를 지나치게 풀어 버리는 경우도 문제가 됩니다. 정부가 기업을 위해서 각종 규제를 폐지하거나 완화하는 경우가 있어요. 규제를 푼다는 것은 얼핏 보면 바람직한 현상으로 여겨질 수 있어요. 자유로운 분위기를 만들어 주니까요. 그러나 그 규제들이 국민의 건강과 안전, 생명을 지키기 위해 만들어진 최소한의 규제라면 이야기가 달라져요. 사회가 발전할수록 국민의 생명과 안전을 지키기 위한 장치는 오히려 강화되어야 하기 때문이에요. 이러한 규제의 대표적인 예가 환경과 관련한 것이에요.

　예를 들어, 상수원 보호 구역에 공장을 새로 짓거나 넓힐 수 있도록 규제를 완화한다면 우리 국민들이 먹는 물은 심각하게 오염될 수밖에 없고, 결국 국민들의 삶의 질은 낮아지게 될 거예요. 그러므로 환경, 보건, 산재 예방, 시설물 관리 등 국민 전체의 안전과 공익에 관련된 사회적 규제 그리고 시장 기능에만 맡길 수 없는 분야에 대해서는 오히려 정부가 규제를 강화하는 것이 필요해요. 규제의 강화와 규제의 완화, 둘 다 쉬운 문제가 아니지요?

경제가 보이는 퀴즈

1. "선무당이 사람 잡는다", "빈대 잡으려다 초가삼간 다 태운다"는 속담과 가장 관계가 깊은 것은 다음 중 어느 것일까요? (　)

    ① 시장의 실패

    ② 정부의 실패

    ③ 사회 보장

    ④ 시장 제도

2. 바람직한 경제·사회 질서가 실현될 수 있도록 정부가 민간의 활동에 개입하여 기업과 개인의 행위를 제약하는 것을 무엇이라고 할까요? (　)

    ① 정부 규제

    ② 시장 규제

    ③ 사회 통제

    ④ 가격 규제

3. 바람직한 정부의 역할이라고 볼 수 없는 것은 다음 중 어느 것일까요? (　)

    ① 국방

    ② 경찰

    ③ 독과점 규제

    ④ 기업 설립에 대한 강력한 규제

정답 1.② 2.① 3.④

9 일자리가 필요해요

실업 오늘날 대부분의 사람들은 직장에서 일을 하고 그 대가로 소득을 얻어요. 직장은 사람들이 생계를 유지해 나가고 사회에서 사람들과 더불어 생활하는 기본적인 터전이지요. 그러나 일할 능력과 일할 생각이 있는데도 여러 가지 이유로 직장을 갖지 못하는 경우가 있어요. 이번에는 이처럼 일자리를 갖지 못하는 사람들에 대해 생각해 보아요.

오락실에서 만난 아빠

학교에서 돌아오던 유미가 오락실에 들렀어요. 문을 열고 막 들어섰는데, 낯익은 아저씨가 앉아 있는 것이 아니겠어요?

"어머! 내가 세상에서 제일 사랑하는 아빠로군."

유미는 뒤로 살금살금 다가가서 "아빠!" 하고 큰 소리로 불렀어요. 아빠는 화들짝 놀라 물었어요.

"오, 유미구나. 학교 끝나고 온 거야?"

"네, 아빠도 게임 좋아하세요? 그럼 저랑 오락 대결 한판 해요."

"좋아. 그럼 한번 해 볼까?"

다정한 부녀는 신나게 게임을 했어요.

"아빠, 장난이 아닌데요. 또 최고 기록을 깨시다니! 한두 번 하신 실력이 아니에요."

"하하. 아빠에게 게임 소질이 있었나 봐. 오늘 처음 해 보는걸!"

아빠는 멋쩍은 듯 말했어요.

"이제 집에 갈까? 아빠가 용돈 좀 줘야지. 자, 여기 있다!"

"우아! 아빠, 고맙습니다."

"그런데 오늘 아빠랑 오락실에서 놀았던 거 엄마한텐 비밀이다."

"당연하죠. 오늘 일은 우리 둘만의 비밀! 배고픈데 빨리 집에 가요."

유미는 생각지도 않게 생긴

용돈에 신이 났어요. 하지만 한편으로는 이런 생각도 들었어요.

'가끔 아빠도 회사에 가기 싫으시겠지. 엄마 잔소리, 돈타령에 숨이 막히실지도 몰라. 어두운 아빠의 얼굴을 보니 너무 가슴이 아파.'

저녁을 먹고 가족들이 다 같이 텔레비전을 보는데, 요즘 대낮부터 오락실을 찾는 아빠들이 많다는 뉴스가 나왔어요.

"쯧쯧, 경기가 나쁜 탓에 실업자가 저렇게 많구나! 그렇다고 오락실에 앉아 있으면 어떻게 하나? 다시 일자리를 구해 볼 생각은 하지 않고······."

엄마는 혀를 끌끌 내찼어요.

아빠는 말없이 유미의 눈치만 살피었어요.

온 가족이 잠든 밤중, 집 안에는 엄마의 코 고는 소리와 아빠의 한숨 소리가 들렸어요. 그 소리를 들으며 유미는 근심 어린 아빠의 얼굴이 생각났어요.

'우리 아빠가 바로 이 시대 나쁜 뉴스의 주인공이라니······. 아빠 힘내세요! 전 아빠를 믿어요. 아빠 곁엔 아빠를 누구보다 사랑하는 제가 있어요. 전 아빠를 이해할 수 있어요. 아빠, 사랑해요.'

어느덧 유미는 눈에서 눈물이 조르륵 흘러내렸어요.

경제 이야기 실업자가 생기는 이유는?

 유미 아빠처럼 한창 일할 시간에 오락실에서 시간을 죽이는 어른들을 본 적 있나요? 1990년대 후반에 불어닥친 외환 위기 때부터 일자리를 잃은 사람들이 급속도로 늘어나면서, 한낮에 양복을 입고 거리를 헤매는 어른들을 실제로도 많이 볼 수 있었답니다. 2000년대에 들어서도 2008년 세계적 금융 위기, 2020년 코로나19 사태 등 계속되는 세계적인 경제 불황으로 실업률이 높아 슬프게도 이런 모습이 이제 낯설지 않게 되었지요.

 "이마에 땀을 내고 먹어라"는 속담이 있어요. 이는 노력하지 않고 살아가는 사람을 비판하는 말입니다. 대부분의 사람들은 일을 하면서 살아가지만 오늘날에는 일을 하려고 해도 일자리가 없어 놀고 있는 사람도 많아요.

일하려는 마음과 능력을 가진 사람이 일할 기회를 얻지 못하고 있는 상태를 '실업'이라고 해요. 우리는 15세 이상의 국민 중에서 일할 능력이 있고, 실제로 일을 하려고 하는 사람들을 '경제 활동 인구'라고 부릅니다. 경제 활동 인구 중에서 실제로 일하고 있는 사람들을 '취업자'라고 하고, 그 외 일자리를 구하지 못한 사람들을 '실업자'라고 부르지요. '실업률'은 경제 활동 인구 가운데 실업자가 차지하는 비율을 말합니다.

실업은 개인에게는 마음의 상처가 되고, 가정에는 경제적인 어려움을 주며, 사회에도 경제적 손실을 줍니다.

실업이 발생하는 데에는 건축 등 밖에서 하는 일이 1년 중 특정 시기나 계절에 집중되기 때문에 발생하는 '계절적 실업'과 불경기 때 재화와 서비스를 구매하는 사람들이 줄어들어 발생하는 '경기적 실업', 기계가 사람을 대신해 일하면서 노동 절약으로 일어나는 '기술적 실업' 등 다양한 요인이 있습니다.

실업자들 가운데에는 일할 의사는 있지만 월급 등 다른 조건이 맞지 않아 본인 스스로 일을 쉬고 있는 '자발적 실업자'와 일할 능력과 의사가 있지만 일자리를 얻지 못하거나 잃게 되는 '비자발적 실업자'

가 있어요. 일자리가 있는데도 놀고 있는 사람(자발적 실업)은 개인의 문제지만, 일을 하고 싶어도 일자리가 없어서 놀고 있는 사람(비자발적 실업)은 사회와 국가의 문제이므로 정부가 나서서 일자리를 마련해 주는 노력이 필요해요.

일반적으로 가을과 겨울은 학교를 졸업하는 청년들이 일자리를 구하는 시기라서 실업률이 떨어지고 취업자 수는 늘어납니다. 그러나 경기가 침체되면서 최근 몇 년 동안 청년들이 일자리를 구하는 일은 점점 더 어려워지고 있어요. 경제가 차츰 회복되면서 전체 실업률은 안정되고 있으나 청년 실업률은 계속 높아지고 있지요. 그 이유는 기업들이 일을 배우고 적응할 시간이 필요한 신입 사원보다는 당장 일을 시작할 수 있는 경력자를 더 좋아하기 때문이에요.

정부는 실업을 해소하기 위해 여러 정책을 마련하고 있습니다. 일자리를 잃은 사람들에게 실업 급여를 제공하여 최소한의 생계비를 보장해 주거나 다시 직업을 가질 수 있도록 훈련을 시켜 주고 재취업을 적극적으로 지원하고 있지요. 특히 청년 실업에 대해서도 여러 가지 대책을 세우고 있어요. 개인과 사회가 모두 함께 실업을 줄이기 위해 최선을 다해 많은 사람이 일하는 기쁨을 맛볼 수 있어야 합니다.

세상 속으로 청년 실업, 해결 방법은 없을까요?

 실업 문제는 어느 사회에나 있는 문제이지만, 우리나라는 특히 청년 실업이 심각해요. 통계청의 발표를 보면, 2020년 6월 기준으로 청년 실업률이 10.7%, 청년 실업자 수는 45만 1천명이에요. '제2의 6·25' 라 일컬어지던 외환 위기 당시 청년실업률이 6%였으니 지금의 상황이 얼마나 심각한지 잘 나타내주는 것이지요. 우리나라 청년 실업은 경기가 나빠서 생기는 일시적인 문제라기보다는 사회의 구조 문제라는 점에서 심각해요. 종전에는 '이태백'이라는 용어가 유행했는데, 요즘에는 '이구백'이라는 용어가 유행이에요. 이 말은 '이십대의 50%가 백수'에서 '이십대의 90%가 백수'라는 것으로 청년 실업 문제의 심각성을 잘 꼬집고 있어요. 우리나라 대학생들이 졸업하고 일자리를 얻기까지는 보통 12개월 정도가 걸린다고 해요. 그런데 이 기간 동안 사람들은 생활비가 없어 아르바이트를 하며 동시에 일자리를 찾고 있어서 더 힘이 듭니다.

2000년대부터 일하는 문화가 바뀌면서 전 세계적으로 문제가 되었어요. 하지만 유럽의 여러 나라는 1990년대부터 고용 서비스를 발전시켜 청년 실업 문제를 해결하기 시작했어요. 영국의 경우에는 취업 프로그램에 가입하면 6개월 동안 청년들에게 적성 검사를 비롯해 취업 훈련을 시켜 줍니다. 그리고 이 과정에서 구직자들의 생계를 어느 정도 책임져 주고요. 우리 정부도 청년 실업을 해결하기 위해 여러 가지 방안을 내놓고 있어요. 대학 졸업자가 넘쳐 나는 고학력 문제를 해결하기 위해 대학을 구조 조정하고, 비전공자들에게는 직업 훈련 기회를 확대해 주고, 공공 기관에서도 청년들을 많이 고용할 수 있게 유도하고 있지요.

경제가 보이는 퀴즈

1. 15세 이상의 국민 중에서 일할 능력이 있고, 실제로 일을 하려고 하는 사람들을 경제 활동 인구라고 합니다. 경제 활동 인구 중에서 일자리를 구하지 못한 사람들을 무엇이라고 부를까요? (   )

    ① 재취업자 ② 실업자
    ③ 구직자   ④ 해직자

2. "이마에 땀을 내고 먹어라"는 속담은 노력하지 않고 살아가는 사람을 비판하는 말입니다. 이 속담과 관련 있는 것은 다음 중 어떤 것일까요? (   )

    ① 보험 ② 소비
    ③ 금융 ④ 실업

3. 다음은 무엇의 문제점을 지적한 것일까요? (   )

    일을 하고 싶어도 일자리가 없어서 놀고 있는 사람은 사회적, 국가적 문제이므로 정부가 나서서 다양한 프로그램을 통해 일자리를 마련해 주는 노력이 필요합니다.

    ① 자발적 실업   ② 계절적 실업
    ③ 비자발적 실업 ④ 위장 실업

정답: 1.② 2.④ 3.③

쏙쏙! 경제 용어

경제 협력 개발 기구(OECD)

OECD(Organization for Economic Cooperation and Development)라고도 부릅니다. 1961년에 창설되어 경제 성장, 개발 도상국 원조, 통상 확대를 주요 목적으로 하고 있습니다. 우리나라는 1996년에 29번째 회원국으로 가입했습니다.

공공재

국민 모두가 함께 사용하는 재화나 서비스를 말합니다. 공공재는 대가를 지불하지 않고 소비할 수 있습니다. 국방, 경찰, 도로, 공원, 소방, 등대, 가로등, 일기 예보 등이 공공재에 속합니다.

국내 총생산(GDP)

일정 기간 동안 한 나라 안에서 생산된 재화와 서비스의 가치를 모두 합한 것으로, GDP(Gross Domestic Product)라고 합니다. 보통 1년 동안 나라 안에서 생산된 모든 것의 가격을 더한 것입니다.

국민 총생산(GNP)

한 나라 국민이 벌어들인 소득을 모두 합친 것이 국민 소득이고, 한 나라 국민이 생산한 것의 가치를 모두 합친 것이 국민 총생산입니다. GNP(Gross National Product)라고도 합니다. 국내 총생산(GDP)은 외국인이든 우리나라 국민이든 그 나라의 영토 안에서 생산한 것들의 총가치를 말합니다. 이와 비교해 국민 총생산(GNP)은 국내든 해외든 상관없이 그 나라의 국적을 가진 국민 모두가 일정 기간 동안 생산해 낸 총가치를 말합니다.

국제통화기금(IMF)

흔히들 IMF(International Monetary Fund)라고 부릅니다. 브레턴우즈 협정에 의거해 발족된 국제 연합의 전문 기구로 미국 워싱턴 D.C.에 본부가 있습니다. IMF는 환율과 국제 수지를 감시함으로써 국제 금융 체계를 감독하고, 국제 무역의 증대와 통화의 안정을 꾀합니다. 회원국의 요청이 있을 때는 기술과 금융 지원을 하기도 합니다.

독과점

독점과 과점을 합하여 부르는 말입니다. 독점은 경쟁자 없이, 상품이나 서비스를 제공하는 기업이 하나뿐인 경우를 말합니다. 과점은 상품이나 서비스를 제공하는 기업이 소수인 경우를 일컫습니다. 독점이나 과점을 하고 있는 기업은 마음대로 가격을 올리거나 생산량을 줄여서 소비자에게 피해를 줄 수 있습니다. 따라서 국가는 독과점을 규제하기 위해 노력하고 있습니다.

사회 간접 자본

도로, 철도, 항만, 수도, 통신 등과 같이 생산에 직접 사용되지 않지만 간접적으로 생산에 도움을 주고 국민 생활에 꼭 필요한 시설입니다. 사회 간접 자본은 재화나 용역의 생산에 직접 활용되지는 않지만, 사회 간접 자본이 없다면 생산 활동을 할 수 없거나 크게 제약을 받게 됩니다.

사회 보장

국민이 인간다운 생활을 할 수 있도록 국가가 경제적으로 도와주는 것을 말합니다. 사회 보장은 크게 사회 보험과 공적 부조로 나뉩니다. 우리나라의 사회 보험은 국민 연금, 건강 보험, 고용 보험, 산재 보험 4개가 국가에 의해 운영되고 있습니다. 공적 부조는 생활 능력이 없는 사람에게 최저 생활 수준을 보장하기 위해 국가나 지방 공공 단체가 보호 또는 원조하여 생활 보호를 하는 것을 말합니다.

세금

나라 살림인 재정을 위해서 국민들이 국가에 내는 돈을 말합니다. 세금은 법률에 근거해서 국가가 국민에게 강제적으로 징수합니다. 따라서 국민이 세금을 내지 않는 경우 법적인 제재를 받게 됩니다.

시장

교환과 거래가 이루어지는 장소입니다. 더 구체적으로는 재화와 서비스에 대하여 수요와 공급의 정보가 교환되고 그 결과로 거래가 이루어져 가격이 결정되는 장소나 공간을 말합니다.

실업

일하고자 하는 의욕과 능력을 가진 사람이 일할 기회를 얻지 못하고 있는 상태를 말합니다. 15세 이상의 국민 중에서 일을 할 수 있고 실제로 일하고자 하는 사람들인, '경제 활동 인구' 중에서 실업자가 차지하고 있는 비율을 실업률이라고 합니다. 경기가 좋지 않을 때는 소비가 줄어 기업의 매출이 감소하므로 기업은 생산을 줄이게 됩니다. 그러면 일자리도 줄게 됩니다. 따라서 실업자 수로 경기가 좋은지 나쁜지 여부를 판단할 수 있습니다.

외부 경제

시장에서 거래되지 않았는데 생산자나 소비자의 경제 활동이 제삼자에게 영향을 직간접적으로 미치는 경우입니다. 이 가운데 영향을 받은 제삼자가 이익을 본 경우가 외부 경제입니다. 만약 제삼자가 손해를 입은 경우라면 외부 불경제라고 합니다.

재정

나라의 살림살이를 말합니다. 정부의 수입인 세입과 지출인 세출에 관련된 모든 경제 활동을 재정이라 하고, 정부 지출과 조세 수입의 양을 변화시켜 총수요를 조절하여 경제를 안정시키려는 것을 재정 정책이라 합니다. 재정 정책은 완전 고용, 물가 안정, 국제 수지 균형, 경제 성장, 소득 재분배 등을 주요 목표로 합니다.

절약의 역설

영국의 경제학자 존 케인스가 발표한 이론으로, 개인의 입장에서는 절약하여 저축을 늘리는 것이 합리적이지만, 자본 축적이 충분한 선진국의 경우 사회 전체로 보면 오히려 소득의 감소를 초래할 수 있다고 합니다. 소비가 없이 생산만 계속된다면 재고가 쌓이게 되어 생산을 줄여야만 합니다. 결국 일하는 사람을 줄이게 되어 경제 상황이 나빠지게 됩니다.

찾아보기

ㄱ

간접세	36
건강 보험	36, 48
경기 침체	66
경기적 실업	100
경제 협력 개발 기구(OECD)	37, 48
경제 활동 인구	100
계절적 실업	100
고용 보험	48
공공재	78, 81
공동 관리	81
공동 소유	81
공유지의 비극	81
공적 부조	47
국내 총생산(GDP)	15
국민 연금	36, 48
국민 총생산(GNP)	16
국제 통화 기금(IMF)	18
균형적인 소비	68
기술적 실업	100
기업의 경제 활동	25, 79

ㄴ

나라의 경제 활동	25
나라의 살림살이	25

ㄷ

당백전	28
도적적 해이	80
독과점	80
독점	77

ㅂ

보이지 않는 손	80
비자발적 실업자	100

ㅅ

사회 간접 자본	57, 59
사회 보장	47, 50
사회 보장비	48
사회 보장 제도	50
사회 보험	47
산재 보험	48
상평통보	28
서비스	15, 25, 36, 77, 100, 103
세금	26, 27, 35, 41
세출 정책	26
소비	25, 66, 69, 77
시장의 실패	80
실업	100, 102
실업 급여	101
실업률	99
실업자	70, 100

ㅇ

외부 경제	78
외부 불경제	79
외환 위기	69, 99
인플레이션	28

ㅈ

자발적 실업자	100
재정	25, 27, 41
재정 정책	26
재취업	101
재화	15, 77
절약의 역설	66, 69
정부 규제	89, 91
정부의 실패	87
정부 재정	48
조세	26, 35
조세 부담률	36
조세 정책	26, 41
중간 생산물	15
지출	25, 71
직접세	36

ㅊ

청년 실업	101, 103
최종 생산물	15
취업자	100

『생각학교 초등 경제 교과서』와 초등학교 사회 교과서 연계표

1권 | 시장 경제 보이지 않는 손이 마술을 부려요

- 1장 | **희소성과 선택** 다 가질 수는 없어요
- 2장 | **합리적 소비** 만족은 크게, 후회는 적게
- 3장 | **절약과 저축** 알뜰한 우리 집을 만들어요
- 4장 | **소비자 주권** 소비자는 왕이에요
- 5장 | **수요** 가격이 내리면 많이 사요
- 6장 | **공급** 비싸게 많이 팔고 싶어요
- 7장 | **수요의 가격 탄력성** 가격 변동에 따라 수요량이 변해요
- 8장 | **시장과 경쟁** 더 나은 발전을 위해 경쟁해요
- 9장 | **가격** 보이지 않는 손의 마술

2권 | 기업과 기업가 정신 우리 사회를 발전시켜요

- 1장 | **생산** 물건과 서비스를 만들어요
- 2장 | **생산성** 적은 비용으로 큰 성과를 거두어요
- 3장 | **기업** 언제나 이익을 추구해요
- 4장 | **분업과 전문화** 일을 나누어 효율을 높여요
- 5장 | **기업가 정신** 도전하고 모험해요
- 6장 | **장인 정신** 한 가지 일에 몰두해요
- 7장 | **브랜드와 광고** 제품의 가치를 높여요
- 8장 | **경제 성장과 기술 진보** 생활의 질이 높아져요
- 9장 | **신용** 신용을 지켜요

3권 | 돈의 흐름 돈은 어디로 갈까

- 1장 | **교환** 서로 바꾸어 써요
- 2장 | **화폐** 돌고 돌아 돈이에요
- 3장 | **자본** 모든 일에는 종잣돈이 필요해요
- 4장 | **주식회사** 주식을 가지면 회사의 주인이 돼요
- 5장 | **투자** 미래의 이익을 기대해요
- 6장 | **금융 기관** 돈을 빌릴 때 찾아가요
- 7장 | **한국은행** 은행들의 은행이에요
- 8장 | **인플레이션과 디플레이션** 돈의 가치와 물가가 오르락내리락해요
- 9장 | **보험** 나쁜 일을 미리 대비해요

4권 | 정부의 경제 활동 우리 경제를 위해 노력해요

- 1장 | **국내 총생산(GDP)** 나라 경제의 규모를 알 수 있어요
- 2장 | **재정** 나라도 살림을 해요
- 3장 | **세금** 나라에 돈을 내요
- 4장 | **사회 보장 제도** 요람에서 무덤까지 지켜 주어요
- 5장 | **사회 간접 자본** 경제 활동을 위해 꼭 필요해요
- 6장 | **절약의 역설** 무조건 아끼는 것이 정답은 아니에요
- 7장 | **시장의 실패** 시장도 해결하지 못하는 것이 있어요
- 8장 | **정부의 실패** 작지만 효율적인 정부가 필요해요
- 9장 | **실업** 일자리가 필요해요

5권 | 지구촌 경제 꼬리에 꼬리를 물어요

- 1장 | **자유 무역** 자유롭게 서로 사고팔아요
- 2장 | **보호 무역** 자기 나라의 산업을 보호해요
- 3장 | **국제 수지** 다른 나라와 거래해 돈을 주고받아요
- 4장 | **환율** 외국 돈과 우리 돈을 바꾸는 비율이에요
- 5장 | **지구촌 경제** 세계 경제는 밀접히 연관되어 있어요
- 6장 | **경제 통합** 함께 힘을 모아 경쟁해요
- 7장 | **지속 가능한 성장** 환경을 생각하며 경제를 발전시켜요
- 8장 | **지구 온난화** 지구가 점점 따뜻해져요
- 9장 | **인터넷과 전자 상거래** 인터넷 세상에서 사고팔아요

	단원영역	내용요소	『생각학교 초등 경제 교과서』에서는?
3학년	1학기 2단원 우리가 알아보는 고장 이야기 1학기 3단원 교통과 통신 수단의 변화	고장의 생활 모습·무형 문화유산·교통과 통신 수단의 변화·시설·직업신	② 기업과 기업가 정신 - 6장 장인 정신 ④ 정부의 경제 활동 - 5장 사회 간접 자본 ⑤ 지구촌 경제 - 9장 인터넷과 전자 상거래
	2학기 1단원 환경에 따라 다른 삶의 모습 2학기 2단원 시대마다 다른 삶의 모습	농사·도로·항구·용수·염전·수확·고장 사람들이 하는 일·의식주·생활 도구·농사 도구	① 시장경제 - 5장 수요 / 6장 공급 ② 기업과 기업가 정신 - 1장 생산 / 2장 생산성 / 4장 분업과 전문화 / 8장 경제 성장과 기술 진보 ④ 정부의 경제 활동 - 5장 사회간접 자본
4학년	1학기 1단원 지역의 위치와 특성 2학기 1단원 촌락과 도시의 생활 모습 2학기 2단원 필요한 것의 생산과 교환 2학기 3단원 사회 변화와 문화의 다양성	중심지·교통·산업·상업·관광 농업·어업·임업·서비스업·일자리·일손 부족·교류·특산품·관광 산업·상호 의존·경제 활동·선택의 문제·자원의 희소성·생산 활동·소비·시장·상품·생산지·원산지·경제적 교류·저출산·고령화·정보화·세계화	① 시장경제 - 1장 희소성과 선택 / 2장 합리적 소비 / 3장 절약과 저축 / 4장 소비자 주권 / 5장 수요 / 6장 공급 / 7장 수요의 가격 탄력성 / 8장 시장과 경쟁 / 9장 가격 ② 기업과 기업가 정신 - 1장 생산 / 2장 생산성 / 장 기업 / 4장 분업과 전문화 / 7장 브랜드와 광고 ③ 돈의 흐름 - 1장 교환 / 2장 화폐 / 3장 자본 / 6장 금융 기관 / 7장 한국은행 ⑤ 지구촌 경제 - 1장 자유무역 / 6장 경제 통합 / 9장 인터넷과 전자 상거래
5학년	1학기 1단원 국토와 우리 생활 1학기 2단원 인권 존중과 정의로운 사회	산업화·공업 도시·수공업·중화학 공업·첨단 산업·물류 산업·교통과 산업·일자리·사회 보장 제도·식품위생법·저작권법·납세의 의무·근로의 의무	① 시장경제 - 4장 소비자 주권 ② 기업과 기업가 정신 - 8장 경제 성장과 기술 진보 ④ 정부의 경제 활동 - 2장 재정 / 3장 세금 / 4장 사회 보장 제도 / 5장 사회 간접 자본 / 9장 실업
	2학기 1단원 옛사람들의 삶과 문화 2학기 2단원 사회의 새로운 변화와 오늘날의 우리	교역·기술 교류·농업·실학·상공업·통상	② 기업과 기업가 정신 - 1장 생산 / 2장 생산성 / 6장 장인 정신 / 8장 경제 성장과 기술 진보 / 9장 신용 ⑤ 지구촌 경제 - 1장 자유무역
6학년	1학기 2단원 우리나라의 경제 발전	가계·기업·합리적 선택·생산·소비·경제 활동·비용·이윤·소득·시장·자유와 경쟁·경제 체제·경제 성장·경제 정의·수출·수입·무역·산업·국내 총생산·한류·경제적 양극화·경제 안정·경제 교류·자본·기술·원산지·생산지·경제생활·국가 간 경쟁·상호 의존성	① 시장경제 - 1장 희소성과 선택 / 2장 합리적 소비 / 4장 소비자 주권 / 5장 수요 / 6장 공급 / 8장 시장과 경쟁 / 7장 수요의 가격 탄력성 / 9장 가격 ② 기업과 기업가 정신 - 1장 생산 / 2장 생산성 / 3장 기업 / 5장 기업가 정신 / 7장 브랜드와 광고 / 9장 신용 ③ 돈의 흐름 - 1장 교환 / 2장 화폐 / 3장 자본 / 4장 주식회사 / 5장 투자 / 8장 인플레이션과 디플레이션 / 9장 보험 ④ 정부의 경제 활동 - 1장 국내 총생산(GDP) / 2장 재정 / 3장 세금 / 4장 사회 보장 제도 / 5장 사회간접 자본 / 6장 절약의 역설 / 7장 시장의 실패 / 8장 정부의 실패 / 9장 실업 ⑤ 지구촌 경제 - 1장 자유무역 / 2장 보호 무역 / 3장 국제 수지 / 4장 환율 / 5장 지구촌 경제 / 9장 인터넷과 전자 상거래
	2학기 1단원 세계 여러 나라의 자연과 문화 2학기 2단원 통일 한국의 미래와 지구촌의 평화	산업·생활 모습·상호 의존 관계·경제 교류·경제 협력 자원·기술력·남북 경제 교류·지구촌 환경 문제·친환경적 생산과 소비	② 기업과 기업가 정신 - 1장 생산 ⑤ 지구촌 경제 - 1장 자유무역 / 5장 지구촌 경제 / 6장 경제 통합 / 7장 지속 가능한 성장 / 8장 지구 온난화

사진출처
셔터스톡 www.shutterstock.com
creative commons creativecommons.org
한국저작권위원회 자유이용사이트 freeuse.copyright.or.kr